WIR *gratulieren* DIR, DASS WIR DICH *haben*

Humorvolle Geschichten & Gedanken zum Geburtstag

benno

Freude

Freude soll nimmer schweigen.
Freude soll offen sich zeigen.
Freude soll lachen, glänzen und singen.
Freude soll danken ein Leben lang.

Freude soll dir die Seele durchschauern.
Freude soll weiterschwingen.
Freude soll dauern
Ein Leben lang.

Joachim Ringelnatz

Inhaltsverzeichnis

Wie schön, dass es dich gibt 5

Gelassenheit ist unsere Stärke 33

Humor ist ein Geschenk des Himmels............. 67

Die besten Engel haben keine Flügel 87

Man sieht nur
mit dem Herzen gut,
das Wesentliche
ist für die Augen unsichtbar.

Antoine de Saint-Exupéry

Wie schön, dass du geboren bist

1. Heute kann es regnen,
   stürmen oder schneien,
   denn du strahlst ja selber
   wie der Sonnenschein.
   Heut ist dein Geburtstag,
   darum feiern wir,
   alle deine Freunde
   freuen sich mit dir.

   Wie schön, dass du geboren bist,
   wir hätten dich sonst sehr vermisst.
   Wie schön, dass wir beisammen sind,
   wir gratulieren dir, Geburtstagskind!

2. Unsere guten Wünsche
   haben ihren Grund:
   Bitte bleib noch lange
   glücklich und gesund.
   Dich so froh zu sehen,
   ist, was uns gefällt,
   Tränen gibt es schon
   genug auf dieser Welt.

Wie schön, dass du geboren bist,
wir hätten dich sonst sehr vermisst.
Wie schön, dass wir beisammen sind,
wir gratulieren dir, Geburtstagskind!

3. Montag, Dienstag, Mittwoch,
   das ist ganz egal,
   dein Geburtstag kommt im Jahr
   doch nur einmal.
   Darum lass uns feiern,
   dass die Schwarte kracht,
   heute wird getanzt,
   gesungen und gelacht.

Wie schön, dass du geboren bist,
wir hätten dich sonst sehr vermisst.
Wie schön, dass wir beisammen sind,
wir gratulieren dir, Geburtstagskind!

Rolf Zuckowski

Drei Wünsche

Ein junges Ehepaar lebte recht vergnügt und glücklich beisammen und hatte den einzigen Fehler, der in jeder menschlichen Brust daheim ist: Wenn man's gut hat, hätt' man's gerne besser. Aus diesem Fehler entstehen so viele törichte Wünsche, woran es unserm Hans und seiner Lise auch nicht fehlte. Bald wünschten sie des Schulzen Acker, bald des Löwenwirts Geld, bald des Meiers Haus und Hof und Vieh, bald einmal hunderttausend Millionen bayerische Taler kurzweg.

Eines Abends aber, als sie friedlich am Ofen saßen und Nüsse aufklopften und schon ein tiefes Loch in den Stein hineingeklopft hatten, kam durch die Kammertür ein weißes Weiblein herein, nicht mehr als eine Elle lang, aber wunderschön von Gestalt und Angesicht, und die ganze Stube war voll Rosenduft. Das Licht löschte aus, aber ein Schimmer wie Morgenrot, wenn die Sonne nicht mehr fern ist, strahlte von dem Weiblein aus und überzog alle Wände. Über so etwas kann man nun doch ein wenig erschrecken, so schön es aussehen mag. Aber unser gutes Ehepaar erholte sich doch bald wieder, als das Fräulein mit wundersüßer, silberreiner Stimme sprach:

„Ich bin eure Freundin, die Bergfee, Anna Fritze, die im kristallenen Schloss mitten in den Bergen wohnt, mit unsichtbarer Hand Gold in den Rheinsand streut und über siebenhundert dienstbare Geister gebietet. Drei Wünsche dürft ihr tun; drei Wünsche sollen erfüllt werden." Hans drückte den Ellenbogen an den Arm seiner Frau, als ob er sagen wollte: Das lautet nicht übel. Die Frau aber war schon im Begriff, den Mund zu öffnen und etwas von ein paar Dutzend goldgestickten Hauben, seidenen Halstüchern und dergleichen zur Sprache zu bringen, als die Bergfee sie mit aufgehobenem Zeigefinger warnte: „Acht Tage lang", sagte sie, „habt ihr Zeit. Bedenkt euch wohl, und übereilt euch nicht." Das ist kein Fehler, dachte der Mann und legte seiner Frau die Hand auf den Mund. Das Bergfräulein aber verschwand. Die Lampe brannte wie vorher, und statt des Rosendufts zog wieder wie eine Wolke am Himmel der Öldampf durch die Stube.

So glücklich nun unsere guten Leute in der Hoffnung schon zum Voraus waren und keinen Stern mehr am Himmel sahen, sondern lauter Bassgeigen; so waren sie jetzt doch recht übel dran, weil sie vor lauter Wunsch nicht wussten, was sie wünschen wollten, und nicht einmal das Herz hatten, recht daran zu denken oder davon zu sprechen aus Furcht, es möchte für gewünscht passieren, ehe sie es genug überlegt hätten. Nun sagte die Frau: „Wir haben ja noch Zeit bis Freitag."

Des andern Abends, während die Kartoffeln zum Nachtessen in der Pfanne prasselten, standen beide, Mann und Frau, vergnügt am Feuer beisammen, sahen zu, wie die kleinen Feuerfünklein an der rußigen Pfanne hin und her züngelten, bald angingen, bald auslöschten, und waren, ohne ein Wort zu reden, vertieft in ihrem künftigen Glück. Als die Frau aber die gerösteten Kartoffeln aus der Pfanne auf das Plättlein anrichtete und ihr der Geruch lieblich in die Nase stieg – „Wenn wir jetzt nur ein gebratenes Würstlein dazuhätten", sagte sie in aller Unschuld und ohne an etwas zu denken, und –, o weh, da war der erste Wunsch getan. – Schnell, wie ein Blitz kommt und vergeht, kam es wieder wie Morgenrot und Rosenduft untereinander durch den Kamin herab, und auf den Kartoffeln lag die schönste Bratwurst. – Wie gewünscht, so geschehen. – Wer sollte sich über einen solchen Wunsch und seine Erfüllung nicht ärgern? Welcher Mann über solche Unvorsichtigkeit seiner Frau nicht unwillig werden?

„Wenn dir doch nur die Wurst an der Nase angewachsen wäre", sprach er in der ersten Überraschung, auch in aller Unschuld und ohne an etwas anderes zu denken, und – wie gewünscht, so geschehen. Kaum war das letzte Wort gesprochen, so saß die Wurst auf der Nase des guten Weibes fest, wie angewachsen im Mutterleib, und hing zu beiden Seiten hinab wie ein Husarenschnauzbart.

Nun war die Not der armen Eheleute erst recht groß. Zwei Wünsche waren getan und vorüber, und noch waren sie um keinen Heller und um kein Weizenkorn, sondern nur um eine böse Bratwurst reicher. Noch war ein Wunsch zwar übrig. Aber was half nun aller Reichtum und alles Glück bei einem solchen Nasenzierat der Hausfrau? Wollten sie wohl oder übel, so mussten sie die Bergfee bitten, mit unsichtbarer Hand Barbiersdienste zu leisten und Frau Lise wieder von der vermaledeiten Wurst zu befreien.

Wie gebeten, so geschehen, und so war der dritte Wunsch auch vorüber, und die armen Eheleute sahen einander an, waren der nämliche Hans und die nämliche Lise nachher wie vorher, und die schöne Bergfee kam niemals wieder.

Merke: Wenn dir einmal die Bergfee also kommen sollte, so sei nicht geizig, sondern wünsche Numero eins: Verstand, dass du wissen mögest, was du Numero zwei: wünschen sollest, um glücklich zu werden. Und weil es leicht möglich wäre, dass du alsdann etwas wähltest, was ein törichter Mensch nicht hoch anschlägt, so bitte noch Numero drei: um beständige Zufriedenheit und keine Reue.

Oder so: Alle Gelegenheit, glücklich zu werden, hilft dem nichts, der den Verstand nicht hat, sie zu benutzen.

Johann Peter Hebel

Das bescheidene Wünschlein

Damals, ganz zuerst am Anfang,
wenn ich hätte sagen sollen,
was, im Fall ich wünschen dürfte,
ich mir würde wünschen wollen,
wär ich vor zu großem Reichtum
in Verlegenheit geraten,
schwankend zwischen Bilderbüchern,
Farbenschachteln, Bleisoldaten.
Später wurde mein Gelüste
kühner, deutlicher und kürzer:
Einen stolzen Namen wollt ich,
sei's als Held und Weltumstürzer,
sei's als ruhmbekränzter Freiherr
in dem Paradies der Künste,
wo die Wunderbäume blühen
und der schönen Frauen Günste.

Heute, wenn die müde Hoffnung
wieder sich zum Wunsch bequemte,
wünscht ich bloß ein kindisch Wünschlein,
dessen der Verstand sich schämte:
Möchte wissen, wie die Glocke,
die mich in den Schlaf gewöhnte,
damals, ganz zuerst am Anfang,
möchte wissen, wie sie tönte.

Carl Spitteler

Geburtstagsgruss

Ach wie schön, dass du geboren bist!
Gratuliere uns, dass wir dich haben,
dass wir deines Herzens gute Gaben
oft genießen dürfen ohne List.

Deine Mängel, deine Fehler sind
gegen das gewogen harmlos klein.
Heute, nach vierzig Jahren, wirst du sein:
immer noch ein Geburtstagskind.

Möchtest du: nie lange traurig oder krank
sein. Und: wenig Hässliches erfahren. –
Deinen Eltern sagen wir unseren fröhlichen Dank
dafür, dass sie dich gebaren.

Gott bewinke dir
alle deine Schritte;
ja, das wünschen wir,
deine Freunde und darunter (bitte)

Dein Joachim Ringelnatz

Bleib froh im Herzen

Glück ist eine stille Stunde,
Glück ist auch ein gutes Buch,
Glück ist Spaß in froher Runde,
Glück ist freundlicher Besuch.

Glück ist niemals ortsgebunden,
Glück kennt keine Jahreszeit,
Glück hat immer der gefunden,
der sich seines Lebens freut.

Clemens von Brentano

Hans im Glück

Hans hatte sieben Jahre bei seinem Herrn gedient, da sprach er zu ihm: „Herr, meine Zeit ist herum, nun wollte ich gern wieder heim zu meiner Mutter, gebt mir meinen Lohn."

Der Herr antwortete: „Du hast mir treu und ehrlich gedient; wie der Dienst war, so soll der Lohn sein", und gab ihm ein Stück Gold, das so groß wie Hansens Kopf war. Hans zog sein Tüchlein aus der Tasche, wickelte den Klumpen hinein, setzte ihn auf die Schulter und machte sich auf den Weg nach Hause. Wie er so dahinging und immer ein Bein vor das andere setzte, kam ihm ein Reiter in die Augen, der frisch und fröhlich auf einem munteren Pferde vorbeitrabte.

„Ach", sprach Hans ganz laut, „was ist das Reiten ein schönes Ding! Da sitzt einer wie auf einem Stuhl, stößt sich an keinen Stein, spart die Schuhe und kommt fort, er weiß nicht wie." Der Reiter, der das gehört hatte, hielt an und rief: „Ei, Hans, warum läufst du auch zu Fuß?" „Ich muss ja wohl", antwortete er, „da hab' ich einen Klumpen heimzutragen; es ist zwar Gold, aber ich kann den Kopf dabei nicht gerad halten, auch drückt mirs auf die Schulter." – „Weißt du was", sagte der Reiter, „wir wollen tauschen; ich gebe dir mein Pferd, und du gibst mir deinen Klumpen." – „Von Herzen gern", sprach Hans, „aber ich sag' Euch, Ihr müsst Euch damit schleppen."

Der Reiter stieg ab, nahm das Gold und half dem Hans hinauf, gab ihm die Zügel fest in die Hände und sprach: „Wenn's nun recht geschwind gehen soll, so musst du mit der Zunge schnalzen und ‚hopp hopp' rufen."

Hans war seelenfroh, als er auf dem Pferde saß und so frank und frei dahinritt. Über ein Weilchen fiels ihm ein, es sollte noch schneller gehen: da fing er an, mit der Zunge zu schnalzen und „hopp hopp" zu rufen. Das Pferd setzte sich in starken Trab, und ehe sich's Hans versah, war er abgeworfen und lag in einem Graben, der die Äcker von der Landstraße trennte. Das Pferd wäre auch durchgegangen, wenn es nicht ein Bauer aufgehalten hätte, der des Weges kam und eine Kuh vor sich hertrieb. Hans suchte seine Glieder zusammen und machte sich wieder auf die Beine. Er war aber verdrießlich und sprach zu dem Bauer: „Es ist ein schlechter Spaß, das Reiten, zumal, wenn man auf so eine Mähre gerät wie die-

se, die stößt und einen herabwirft, dass man den Hals brechen kann; ich setze mich nun nimmermehr wieder auf. Da lob' ich mir Eure Kuh, da kann einer mit Gemächlichkeit hinterhergehen und hat obendrein seine Milch, Butter und Käse jeden Tag gewiss. Was gäb' ich darum, wenn ich so eine Kuh hätte!" – „Nun", sprach der Bauer, „geschieht Euch so ein großer Gefallen, so will ich Euch wohl die Kuh für das Pferd vertauschen." Hans willigte mit tausend Freuden ein; der Bauer aber schwang sich aufs Pferd und ritt eilig davon.

Hans trieb seine Kuh ruhig vor sich her und bedachte den glücklichen Handel. „Hab' ich nur ein Stück Brot, und daran wird mir's doch nicht fehlen, so kann ich, so oft mir's beliebt, Butter und Käse dazu essen; hab ich Durst, so melk' ich meine Kuh und trinke Milch. Herz, was verlangst du mehr?" Als er zu einem Wirtshaus kam, machte er halt, aß in der großen Freude alles, was er bei sich hatte, sein Mittags- und Abendbrot, rein auf und ließ sich für seine letzten paar Heller ein halbes Glas Bier einschenken. Dann trieb er seine Kuh weiter, immer nach dem Dorfe seiner Mutter zu.

Die Hitze wurde drückender, je näher der Mittag kam, und Hans befand sich in einer Heide, die wohl noch eine Stunde dauerte. Da ward es ihm ganz heiß, sodass ihm vor Durst die Zunge am Gaumen klebte. „Dem Ding ist zu helfen", dachte Hans, „jetzt will ich meine Kuh melken und mich an der Milch laben." Er band sie an einen dürren Baum, und da er keinen Eimer hatte, stellte er seine Ledermütze unter, aber wie er sich auch bemühte, es kam kein Tropfen Milch zum Vorschein. Und weil er sich ungeschickt dabei anstellte, gab ihm das ungeduldige Tier endlich mit einem der Hinterfüße einen solchen Schlag vor den Kopf, dass er zu Boden taumelte und sich eine Zeit lang gar nicht besinnen konnte, wo er war. Glücklicherweise kam gerade ein Metzger des Weges, der auf einem Schubkarren ein junges Schwein liegen hatte. „Was sind das für Streiche!", rief der Metzger und half dem guten Hans wieder auf. Hans erzählte, was vorgefallen war. Der Metzger reichte ihm seine Flasche und sprach: „Da trinkt einmal und erholt Euch. Die Kuh will wohl keine Milch geben, das ist ein altes Tier, das höchstens noch zum Ziehen taugt oder zum Schlachten." – „Ei, ei", sprach Hans und strich sich die Haare über den Kopf, „wer hätte das gedacht! Es ist freilich gut, wenn man so ein Tier für's Haus abschlachten kann, was gibt's für Fleisch! Aber ich mache mir aus dem Kuhfleisch nicht viel, es ist mir nicht saftig genug. Ja, wer so ein junges Schwein hätte! Das schmeckt anders, dabei noch die Würste!" – „Hört, Hans", sprach da der Metzger, „Euch zuliebe will ich tauschen und will Euch das Schwein für die Kuh lassen." – „Gott lohn' Euch Eure Freundschaft!", sprach Hans, übergab ihm die Kuh, ließ sich das Schweinchen vom Karren losmachen und den Strick, woran es gebunden war, in die Hand geben.

Hans zog weiter und überdachte, wie ihm doch alles nach Wunsch ginge; begegnete ihm je eine Verdrießlichkeit, so würde sie doch gleich wieder gutgemacht. Es gesellte sich danach ein Bursch zu ihm, der trug eine schöne, weiße Gans unter dem Arm. Sie boten einander die Zeit, und Hans fing an, von seinem Glück zu erzählen, und wie er immer so vorteilhaft getauscht hätte. Der Bursch erzählte ihm, dass er die Gans zu einem Kindstaufschmaus brächte. „Hebt einmal", fuhr er fort und packte sie bei den Flügeln, „wie schwer sie ist, die ist aber auch acht Wochen lang genudelt worden. Wer in den Braten beißt, muss sich das Fett von beiden Seiten abwischen." – „Ja", sprach Hans und wog sie mit der einen Hand, „die hat ihr Gewicht, aber mein Schwein ist auch keine Sau." Indessen sah sich der Bursch nach allen Seiten ganz bedenklich um, schüttelte auch wohl mit dem Kopfe. „Hört", fing er darauf an, „mit Eurem Schweine mag's nicht richtig sein. In dem Dorfe, durch das ich gekommen bin, ist eben dem Schulzen eins aus dem Stall gestohlen worden. Ich fürchte, ich fürchte, Ihr habt's da in der Hand. Sie haben Leute ausgeschickt, und es wäre ein schlimmer Handel, wenn sie Euch mit dem Schweine erwischten; das Geringste ist, dass Ihr ins finstere Loch gesteckt werdet." Dem guten Hans ward bang: „Ach Gott", sprach er, „helft mir aus der Not, Ihr wisst hierherum bessern Bescheid, nehmt mein Schwein da, und lasst mir Eure Gans." – „Ich muss schon etwas aufs Spiel setzen", antwortete der Bursche, „aber ich will doch nicht schuld sein, dass Ihr ins Unglück geratet." Er nahm also das Seil in die Hand und trieb das Schwein schnell auf einem Seitenweg fort; der gute Hans aber ging, seiner Sorgen entledigt, mit der Gans unter dem Arme der Heimat zu. „Wenn ich's recht überlege", sprach er mit sich selbst, „habe ich noch Vorteil bei dem Tausch; erstlich den guten Braten, hernach die Menge von Fett, die herausträufeln wird, das gibt Gänsefettbrot auf ein Vierteljahr; und endlich die schönen weißen Federn, die lass' ich mir in mein Kopfkissen stopfen, und darauf will ich wohl ungewiegt einschlafen. Was wird meine Mutter eine Freude haben!"

Als er durch das letzte Dorf gekommen war, stand da ein Scherenschleifer mit seinem Karren, sein Rad schnurrte, und er sang dazu: „Ich schleife die Schere und drehe geschwind und hänge mein Mäntelchen nach dem Wind." Hans blieb stehen und sah ihm zu: Endlich redete er ihn an und sprach: „Euch geht's wohl, da Ihr so lustig bei Eurem Schleifen seid." – „Ja", antwortete der Scherenschleifer, „das Handwerk hat einen goldenen Boden. Ein rechter Schleifer ist ein Mann, der, sooft er in die Tasche greift, auch Geld darin findet. Aber wo habt Ihr die schöne Gans gekauft?" – „Die hab' ich nicht gekauft, sondern für ein Schwein eingetauscht." – „Und das Schwein?" – „Das hab' ich für eine Kuh gekriegt." – „Und die Kuh?" – „Die hab' ich für ein Pferd bekommen."

– „Und das Pferd?" – „Dafür hab' ich einen Klumpen Gold, so groß wie mein Kopf, gegeben." – „Und das Gold?" – „Ei, das war mein Lohn für sieben Jahre Dienst." – „Ihr habt Euch jederzeit zu helfen gewusst", sprach der Schleifer, „könnt Ihr's nun dahinbringen, dass Ihr das Geld in der Tasche springen hört, wenn Ihr aufsteht, so habt Ihr Euer Glück gemacht." – „Wie soll ich das anfangen?", sprach Hans. – „Ihr müsst ein Schleifer werden wie ich; dazu gehört eigentlich nichts als ein Wetzstein, das andere findet sich schon von selbst. Da hab' ich einen, der ist zwar ein wenig schadhaft, dafür sollt Ihr mir aber auch weiter nichts als Eure Gans geben; wollt Ihr das?" – „Wie könnt Ihr noch fragen", antwortete Hans, „ich werde ja zum glücklichsten Menschen auf Erden; habe ich Geld, sooft ich in die Tasche greife, was brauche ich da länger zu sorgen?", reichte ihm die Gans hin und nahm den Wetzstein in Empfang. „Nun", sprach der Schleifer und hob einen gewöhnlichen schweren Feldstein, der neben ihm lag, auf, „da habt Ihr noch einen tüchtigen Stein dazu, auf dem sich's gut schlagen lässt und Ihr Eure alten Nägel gerade klopfen könnt. Nehmt ihn und hebt ihn ordentlich auf."

Hans lud den Stein auf und ging mit vergnügtem Herzen weiter; seine Augen leuchteten vor Freude: „Ich muss in einer Glückshaut geboren sein", rief er aus, „alles, was ich wünsche, trifft mir ein wie einem Sonntagskind." Indessen, weil er seit Tagesanbruch auf den Beinen gewesen war, begann er, müde zu werden; auch plagte ihn der

Hunger, da er in der Freude über die erhandelte Kuh allen Vorrat auf einmal aufgezehrt hatte.

Er konnte endlich nur mit Mühe weitergehen und musste jeden Augenblick haltmachen; dabei drückten ihn die Steine ganz erbärmlich. Da konnte er sich des Gedankens nicht erwehren, wie gut es wäre, wenn er sie gerade jetzt nicht zu tragen brauchte. Wie eine Schnecke kam er zu einem Feldbrunnen geschlichen, wollte da ruhen und sich mit einem frischen Trunk laben; damit er aber die Steine im Niedersitzen nicht beschädigte, legte er sie bedächtig neben sich auf den Rand des Brunnens. Darauf setzte er sich nieder und wollte sich zum Trinken bücken, da versah er's, stieß ein klein wenig an, und beide Steine plumpten hinab. Hans, als er sie mit seinen Augen in die Tiefe hatte versinken sehen, sprang vor Freuden auf, kniete nieder und dankte Gott mit Tränen in den Augen, dass er ihm auch diese Gnade noch erwiesen und ihn auf eine so gute Art, und ohne dass er sich einen Vorwurf zu machen brauchte, von den schweren Steinen befreit hätte, die ihm allein noch hinderlich gewesen waren.

„So glücklich wie ich", rief er aus, „gibt es keinen Menschen unter der Sonne!" Mit leichtem

Herzen und frei von aller Last sprang er nun fort, bis er daheim bei seiner Mutter war.

Gebrüder Grimm

Lebensfreude

Das Leben ist eine Chance – nutze sie.
Das Leben ist Schönheit – bewundere sie.
Das Leben ist Seligkeit – genieße sie.
Das Leben ist ein Traum – verwirkliche ihn.
Das Leben ist eine Herausforderung – stelle dich ihr.
Das Leben ist Pflicht – erfülle sie.
Das Leben ist ein Spiel – spiele es.
Das Leben ist kostbar – geh sorgsam damit um.
Das Leben ist Reichtum – bewahre ihn.
Das Leben ist Liebe – erfreue dich an ihr.
Das Leben ist ein Rätsel – löse es.
Das Leben ist ein Versprechen – erfülle es.
Das Leben ist Traurigkeit – überwinde sie.
Das Leben ist eine Hymne – singe sie.
Das Leben ist eine Tragödie – ringe mit ihr.
Das Leben ist ein Abenteuer – wage es.
Das Leben ist Glück – verdiene es.
Das Leben ist das Leben – verteidige es.

Mutter Teresa

Die Geschichte vom Wunsch aller Wünsche

In die fröhliche Stadt der Kinder
kamen drei Zauberer einst:
Der erste hieß Borstenbinder,
der zweite Siebenzylinder
und der dritte Wasdunichtmeinst.
Sie zauberten hier und zauberten dort
manches Stücklein in bunter Gestaltung.
Und die Kinder dankten mit freundlichem Wort
für die lustige Unterhaltung:
Doch manches fragte sich heimlich dabei:
Sind sie gut oder böse, die seltsamen drei?
Man weiß es oft nicht.

Als der Tag der Abfahrt gekommen,
baten die Zauberer früh,
ehe sie Abschied genommen,
die Kinder zum Marktplatz zu kommen.
Und dies verkündeten sie:
„Wir sind eurer Freundlichkeit eingedenk.
Ihr zolltet den Künsten Verehrung.
Drum bieten wir als Abschiedsgeschenk
eines einzigen Wunsches Gewährung.
Dieser Wunsch, den ihr sagt – sei er groß oder klein –,

wird im selben Moment euch erfüllet sein."
Was sagst du dazu?

Da berieten die Kinder sich lange,
was am besten zu wünschen sei;
denn wie schlau man's auch immer anfange,
sobald man das eine erlange,
sei's mir allem andern vorbei!
Darum sprachen sie schließlich zu den drei Herrn:
„Verzeiht, wenn wir allzu viel wagen!
Unser einziger Wunsch ist: Wir möchten gern,
dass jeder Wunsch, den wir sagen,
sofort sich erfüllt." – „Ihr habt es begehrt",
so sprachen die dreie, „es sei euch gewährt!"
Da staunst du nun wohl!

Dann zogen sie fort mit dem Wagen.
Die Kinder der Kinderstadt
fingen an, sich von Neugier zu fragen,
ob ein Spruch, den drei Zauberer sagen,
so mächtige Wirkung hat?
Sie probierten es aus, erst heimlich noch zwar –
und staunten ganz unaussprechlich:
Jeder Wunsch, den man sagte – ganz gleich, was es war –,
ging sogleich in Erfüllung, tatsächlich!
Und die Kinder riefen voll Übermut:
„Da sieht man's – die Zauberer waren gut!"

Das ist doch ganz klar!

Ihr könnt euch wohl selber denken,
was nun für ein Wünschen begann:
Der wollte ein Auto zum Lenken,
der andre zehn Reiseandenken,
der dritte 'nen Hampelmann,
Spielzeug und Kuchen und Eisenbahn,
Samt und Seide und Feile.
Schlittschuhe, Kaugummi, Kreisel und Kran,
goldene Kronen und Bälle,
Puppen und Bücher und Kram und Trara:
Was man nur wünschte, sofort war es da!
Das möcht'st du wohl auch?

Das war schon ein Jahr so gegangen,
und der Zauber hielt immer noch an!
Die Kinder begannen zu bangen:
Denn kann man stets all es erlangen,
verliert man die Freude daran.

Und sie wünschten sich weniger Tag für Tag:
Alles kriegen ist unausstehlich!
Und wenn einer sich gar nichts mehr wünschen mag,
dann macht ihn auch gar nichts mehr fröhlich.
Die Kinder saßen mit traurigem Blick
unter all ihren Schätzen – im Missgeschick.
Das glaubst du wohl nicht?

Da schickten sie Fährtenfinder
in die weite Welt hinein
zu suchen Herrn Borstenbinder
und den andern, Herrn Siebenzylinder,
und Herrn Wasdunichtmeinst obendrein,
und sie sollten bestellen: „Nehmt's wieder, dies Glück!
Unsre Freude ist dadurch verschwunden."
Doch die Boten, sie kamen einzeln zurück,
hatten nirgends die dreie gefunden.
Da klagten die Kinder: „Dass Gott uns erlös!
Und jetzt wissen wir's erst: Die drei waren bös!"
Das denkst du doch auch!

Und Verzweiflung beschlich sie im Stillen.
Da ergriff eins der Kleinsten das Wort:
„Wenn sich all unsre Wünsche erfüllen,
dann wünschen wir einfach mit Willen
die Wünsche-Erfüllung fort!"
Sie befolgten den Rat und von Stund an war
wieder spannend das Leben und heiter.
Die Kinder warn froh wie vor Tag und Jahr
und vielleicht gar ein wenig gescheiter.
Nur eine Sache wüsst' ich noch gern:
Waren gut oder bös die drei seltsamen Herrn?
Sag, was meinst du?

Michael Ende

Das Hemd des Zufriedenen

Es war einmal ein reicher König, dem machte das Regieren so viele Sorgen, dass er darum nicht schlafen konnte die ganze Nacht. Das ward ihm zuletzt so unerträglich, dass er seine Räte zusammenberief und ihnen sein Leid klagte. Es war aber darunter ein alter, erfahrener Mann, der erhob sich, da er vernommen, wie es um den König stand, von seinem Stuhle und sprach: „Es gibt nur ein Mittel, dass wieder Schlaf in des Königs Augen kommt, aber es wird schwer zu erlangen sein; so nämlich dem Könige das Hemd eines zufriedenen Menschen geschafft werden könnte und er das beständig auf seinem Leibe trüge, so halte ich dafür, dass ihm sicherlich geholfen wäre."

Da das der König vernahm, beschloss er, dem Rate des klugen Mannes zu folgen, und wählte eine Anzahl verständiger Männer, die sollten das Reich durchwandern und schauen, ob sie nicht ein Hemd finden könnten, wie es dem Könige nottat. Die Männer zogen aus und gingen zuerst in die schönen volkreichen Städte, weil sie gedachten, dass sie da wohl am ehesten zu ihrem Zwecke kämen; aber vergebens war ihr Fragen von Haus zu Haus nach einem zufriedenen Menschen.

Da sprachen die Männer untereinander: „Hier in der Stadt finden wir doch nimmer, wonach wir suchen; darum so wollen wir jetzt auf das Land hinausgehen; da wird die Zufriedenheit wohl noch zu Hause sein", sprachen's, ließen die Stadt mit ihrem Gewühle hinter sich und gingen den Weg durch das wallende Korn dem Dorfe zu.

Sie fragten von Haus zu Haus, von Hütte zu Hütte. Da kehrten die Männer traurig wieder um und begaben sich auf den Heimweg. Wie sie nun so in sorgende Gedanken vertieft über eine Flur dahinwandelten, trafen sie auf einen Schweinehirten, der da gemächlich bei seiner Herde lag; indem so kam auch des Hirten Frau, trug auf ihren Armen ein Kind und brachte ihrem Mann das Morgenbrot. Der Hirt setzte sich vergnüglich zum Essen, verzehrte, was ihm gebracht war, und nachdem so spielte er mit seinem Kinde. Das sahen die Männer des Königs mit Erstaunen, traten herzu und fragten den Mann, wie es käme, dass er so vergnügt wäre und hätte doch nur so ein geringes Auskommen.

„Meine lieben Herren", sprach der Sauhirt, „das kommt daher, weil ich mit dem, was ich habe, zufrieden bin." Da freuten sich die Männer höchlich, dass sie endlich einen zufriedenen Menschen gefunden hatten, und erzählten ihm, in welcher Sache sie von dem Könige wären ausgesandt worden, und baten ihn, dass er ihnen möchte für Geld und gute Worte ein Hemd von seinem Leibe geben. Der Sauhirt lächelte und sprach: „So gern ich Euch, meine lieben Herren, in Eurem Anliegen möchte zu Willen sein, so ist es mir doch nicht möglich; denn Zufriedenheit habe ich wohl, aber kein Hemd am Leibe."

Wilhelm Busch (nach Leo N. Tolstoi)

Rezeptvorschlag für ein neues Jahr

Man nehme zwölf Monate,
putze sie sauber von Bitterkeit, Geiz,
Pedanterie und Angst
und zerlege jeden Monat in 30 oder 31 Teile,
sodass der Vorrat genau für ein Jahr reicht.

Jeder Tag wird einzeln angerichtet
aus einem Teil Arbeit
und zwei Teilen Frohsinn und Humor.
Man füge drei gehäufte Esslöffel
Optimismus hinzu,
einen Teelöffel Toleranz, ein Körnchen Ironie
und eine Prise Takt.
Dann wird die Masse
sehr reichlich mit Liebe übergossen.

Das fertige Gericht schmücke man
mit Sträußlein kleiner Aufmerksamkeiten
und serviere es täglich mit Heiterkeit
und einer guten, erquickenden Tasse Tee …

Catharina Elisabeth Goethe

Gebet im Alter

Herr, du weißt, dass ich von Tag zu Tag älter werde – und eines Tages alt.
Bewahre mich vor dem Drang, bei jeder Gelegenheit etwas sagen zu müssen.
Erlöse mich von der großen Leidenschaft, die Angelegenheiten anderer ordnen zu wollen.
Lehre mich, nachdenklich und hilfreich, aber nicht beherrschend zu sein.
Lehre mich schweigen über meine Krankheiten und Beschwerden. Sie nehmen zu und die Lust, sie zu beschreiben, wächst von Jahr zu Jahr.
Ich erflehe nicht die Gabe, Krankheitsschilderungen anderer mit Genuss zu lauschen. Aber lehre mich, sie wenigstens geduldig zu ertragen.
Lehre mich die wunderbare Weisheit, dass ich mich irren kann.
Erhalte mich so liebenswert wie möglich. Ich möchte kein Griesgram sein, aber auch keine Heilige, denn mit ihnen lebt es sich doch so schwer.

Teresa von Ávila zugeschrieben

Man ist so alt, wie man ist

An einem der letzten Tage – genauer gesagt: am heutigen Morgen – überkam mich der hässliche Gedanke, dass ich vielleicht nicht mehr ganz so jung bin wie früher. Damit will ich nicht sagen, dass mich mein plötzlicher Geburtstag in Panik versetzt hätte. In meinen Augen sind Geburtstage nichts Besonderes. Ich hatte schon welche, und sie haben mich nicht beeindruckt. Was ich verabscheue, ist die übertriebene, die sozusagen unrealistische Anzahl dieser Geburtstage, sind die Ziffern, mit denen sie bezeichnet werden. Was soll das heißen: Heute bin ich 50 Jahre alt? Ich war noch nie 50, ich war die ganze Zeit jünger. Da steckt irgendwo ein Fehler. Die Leute vom Meldeamt sollten besser aufpassen. Nach meinem eigenen Dafürhalten, ich meine: nach dem Eindruck, den ich von mir selbst habe, bin ich noch nicht einmal über die Ziffer 30 hinaus. Es könnte sogar sein, dass ich im kommenden November erst 29 werde oder etwas Ähnliches. Was will man von mir?

Ein entscheidendes Argument zu meinen Gunsten ist die hervorragende körperliche Verfassung, in der ich mich befinde. Ich gehe, sitze und stehe wie in meinen besten Jugendtagen, ich habe noch immer meine sämtlichen Augen und Ohren, meine Nase befindet sich auf

dem gewohnten Platz. Offenbar handelt es sich bei dem mir von den Behörden aufgezwungenen Alter um einen Computerfehler.

Die Veränderungen, die sich im Lauf der Jahre bemerkbar gemacht haben, fallen kaum ins Gewicht. Schön, ich renne nicht mehr hinter Taxis her, sondern rufe nach ihnen, und ich benutze lieber den Aufzug, als weiß Gott wie viele Stockwerke zu ersteigen. Auch lässt sich nicht leugnen, dass meine Hausapotheke immer größer und nach jeder Auslandsreise bunter wird. Das liegt an unserem Klima. Ich kann mich noch erinnern, dass ich einmal quer durch den Plattensee geschwommen bin, um ein besonders intelligentes Mädchen zu treffen. Gestern, als ich mit meinen Kindern ins Strandbad ging und von ihnen aufgefordert wurde, ins Wasser zu springen, hatte ich keine Lust dazu. Einfach keine Lust. Überhaupt keine ... Ehrlich gesagt: Ich bin verzweifelt.

Das letzte Mal erlebte ich eine solche Verzweiflung, als ich 19 wurde und wusste: Jetzt werde ich alt. Mein peinlicher Zustand wird mir bei jeder Gelegenheit vor Augen geführt. Erst vor wenigen Wochen sah ich im Bus eine jammervoll verwelkte Frauengestalt sitzen, die Einkaufstasche zwischen den knochigen Knien, das hässliche Gesicht voller Runzeln und Falten. Es war ein richtiger Schock für mich, als ich plötzlich entdecken musste, dass ich dieser abstoßenden Erscheinung in meiner Jugend den Hof gemacht hatte. Armes Ding, dachte ich bei mir. Das ist alles, was von diesem einstmals so attraktiven Mädchen übrig geblieben ist. Ich hätte sie kaum erkannt ... Und während ich von heißen Wogen des Mitleids überflutet wurde, erhob sich das einstmals so attraktive Mädchen und bot mir ihren Platz an.

Oder meine sechsjährige Tochter Renana. Wir sitzen zu Hause vor dem Bildschirm und sehen den Film „Ben Hur", in dem es bekanntlich von römischen Soldaten und frühen Anhängern des Christentums nur so wimmelt. „Mami", lässt sich Renanas piepsende Stimme vernehmen, „war Papi damals schon dabei?" Kein Zweifel: Ich wirke älter, als ich bin. Selbst wenn man die zwei Jahre abzieht, die ich mit dem Wählen besetzter Telefonnummern verbracht habe, bleibt noch genug übrig. Natürlich hat das nichts Konkretes zu bedeuten, es ist eine Angelegenheit abstrakter Gedankengänge, man denkt und denkt, und plötzlich kann man sich an nichts mehr erinnern. Wenn ich nicht sofort alles aufschreibe, was mir durch den Kopf geht, vergesse ich es in Sekundenschnelle, und es ist für die Nachwelt verloren.

Besonders häufig vergesse ich Gesichter. Gute Freunde, liebe alte Bekannte, ja sogar Familienangehörige begegnen mir auf der Straße, und ich habe keine Ahnung, woher ich sie kenne. Selbstverständlich erwidere ich ihren Gruß mit freundlichem Lächeln und herzlichem Winken, aber das täuscht nur mich, nicht sie.

„Sommer 55", klärt mich so einer mit beleidigter Miene auf. „Brindisi. Na?" „Ach ja!", jauchze ich. „Brindisi! Wie geht's denn immer, alter Junge?" Und ich entferne mich eilends, ohne seine Auskunft abzuwarten. Wer ist er? Und was ist Brindisi? Nicht einmal meine Feinde behalte ich im Gedächtnis. Damit gerate ich in den Ruf der Toleranz. Das ist das Ende.

Es fällt mir auch immer schwerer, Namen zu behalten. Seit einiger Zeit spreche ich die jungen Damen, mit denen ich zu tun habe, ausnahmslos mit dem gleichen Namen an („Puppe"), damit keine unangenehmen Verwechslungen entstehen.

Noch größere Schwierigkeiten bereitet mir der Konsum von Literatur. Seit bald einem Jahr lese ich Solfschenizyns Erzählung „Ein Tag im Leben des Iwan Denisowitsch" und komme über die ersten fünf Seiten nicht hinaus. Auf Seite 5 nämlich heißt es: „Gablubtschik", sagte Wladimir Pruschtschenko und wandte sich zu Parslejewitsch Tschuprschik um, der am Gartenzaun mit Pjotr Nikolajewitsch Jusnjezewisky plauderte.

An dieser Stelle bleibe ich unweigerlich stecken, die Namen verschwimmen vor meinen Augen, ich kann die handelnden Personen nicht mehr voneinander unterscheiden und fange das Buch wieder von vorne zu lesen an.

Andererseits gibt es auch Dinge, die mit ehernen Lettern in mein Gedächtnis geprägt sind. Zum Beispiel die Aufstellung der ungarischen Fußballnationalmannschaft aus dem Jahre 1930. Man kann mich mitten in der Nacht aufwecken und ich leiere sie fehlerlos herunter: Kohun, Toldi, Dr. Sarosi und natürlich Turay II, der damals den österreichischen Mittelstürmer Sindelar vollkommen kaltgestellt hat ...

Aber sonst herrscht in meinem Gedächtnis dichter Nebel. Obwohl man mir das, wie ich schon angedeutet habe, nicht ansieht. Niemand würde mich für älter als 47 halten oder höchstens 48 ½. Vielleicht rührt das daher, dass ich Tennisschuhe trage.

Erst gestern begegnete ich den ungebetenen Trostversuchen einer jugendlichen Zeitgenossin mit den Worten: „Mein liebes Fräulein, ich bin lieber 25 und sehe wie 52 aus als umgekehrt."

Dagegen lässt sich schwer etwas sagen, und die junge Dame sah auch dementsprechend dämlich drein.

Die Leute scheinen es darauf angelegt zu haben, mir auf die Nerven zu gehen. Zum Beispiel kommt irgendein Idiot auf mich zu und erklärt mir, dass man so alt ist, wie man sich fühlt. Ein gefährlicher Blödsinn. Das Alter ergibt sich aus der Summe der Lebensjahre, da braucht man gar nichts zu fühlen. Man braucht nur den Reisepass zu öffnen und das Geburtsdatum nachzulesen.

Und wenn man einem Passfoto zu ähneln beginnt, ist es Zeit, dem Leben Adieu zu sagen. Allerdings kommen mit dem Alter auch die Segnungen der Weisheit und der heiteren Entsagung. Ich bin ein solcher Fall. Ich beneide niemanden mehr um irgendetwas. Ich nicht. Das Einzige, was mich noch erbittern kann, ist ein Mann in meinen Jahren, der jünger und sportlicher aussieht als ich. Ich denke da an einen ganz bestimmten Versicherungsagenten, der mir um mindestens zwei Monate voraus ist und trotzdem, im Gegensatz zu meinem silbrigen Schopf, kein weißes Haar aufzuweisen hat.

„Wie kommt es", fragte ich ihn, „dass Sie immer noch Ihr jugendliches Schwarzhaar besitzen?" „Eine Sache der Disziplin", antwortete er mit hämischem Grinsen. „Wenn man einmal über 40 ist, muss man etwas unternehmen. Sehen Sie mich an. Ich stehe jeden Morgen um sechs Uhr auf, jawohl um sechs, nehme eine eiskalte Dusche, reibe meinen Körper mit einer harten Drahtbürste ab, mache am Strand einen Dauerlauf von mindestens drei Kilometern, jawohl täglich, gehe jeden zweiten Tag in die Sauna, ernähre mich hauptsächlich von Früchten und Joghurt, spiele Tennis, reite, lese den ‚Playboy', nehme teil am pulsierenden Leben und außerdem ..."

„Was?", fragte ich atemlos.

„Außerdem lasse ich mir die Haare färben."

Ephraim Kishon

Überlass es der Zeit

Erscheint dir etwas unerhört,
Bist du tiefsten Herzens empört,
Bäume nicht auf, versuch's nicht mit Streit,
Berühr es nicht, überlass es der Zeit.
Am ersten Tage wirst du feige dich schelten,
Am zweiten lässt du dein Schweigen schon gelten,
Am dritten hast du's überwunden;
Alles ist wichtig nur auf Stunden,
Ärger ist Zehrer und Lebensvergifter,
Zeit ist Balsam und Friedensstifter.

Theodor Fontane

Man wird nicht besser mit den Jahren

Man wird nicht besser mit den Jahren –
Wie sollt es auch? Man wird bequem
Und bringt, um sich die Reu zu sparen,
Die Fehler all in ein System.

Das gibt dann eine glatte Fläche,
Man gleitet unbehindert fort,
Und „allgemeine Menschenschwäche"
Wird unser Trost- und Losungswort.

Die Fragen alle sind erledigt,
Das eine geht, das andre nicht,
Nur manchmal eine stumme Predigt
Hält uns der Kinder Angesicht.

Theodor Fontane

Erfolg

Erfolg heißt: oft viel lachen; die Achtung intelligenter Menschen und die Zuneigung von Kindern gewinnen; die Anerkennung aufrichtiger Kritiker verdienen und den Verrat falscher Freunde ertragen; Schönheit bewundern; in anderen das Beste finden; die Welt ein wenig besser verlassen ob durch ein gesundes Kind, ein Stückchen Garten oder einen kleinen Beitrag zur Verbesserung der Gesellschaft; wissen, dass wenigstens das Leben eines anderen Menschen leichter war, weil du gelebt hast. Das bedeutet, nicht umsonst gelebt zu haben.

Ralph Waldo Emerson

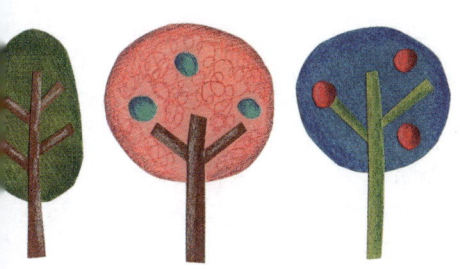

Die Welt ist schön

Weil es Menschen gibt,
die dich annehmen;
die dich mögen;
die nicht immer gleich
mit dem Zeigefinger deuten,
wenn du anderer Meinung bist ...

weil es Menschen gibt,
die Gutes tun;
Menschen, die Güte ausstrahlen;
Menschen, die nie müde werden,
zum Guten anzustiften;
Menschen, die vorbehaltlos lieben ...

weil es Menschen gibt,
die schon mit ihrer Stimme
zu verstehen geben,
dass sie es gut mit dir meinen;
Menschen, denen auch du
vertrauen darfst ...

weil es Menschen gibt,
die keine Vorurteile haben
und auch keine Ängste voreinander;
Menschen, die alle Vor-Wände

wegschieben und allen,
denen sie begegnen,
Gutes wünschen ...

weil es Menschen gibt,
die sich verstehen;
die einander mögen;
die gut zu einander sind;
die zusammenhalten,
auch und besonders dann,
wenn Schweres über sie kommt ...

weil es Menschen gibt,
die Charme haben
und ein Gespür für Wahrheit;
Menschen voller Güte
und Wohlwollen
und die es dir leicht machen,
an das Gute im Menschen
zu glauben ...

weil es Menschen gibt,
die nicht nur nett sind,
sondern auch liebens-wert;
die wissen,
dass Zärtlichkeit
Liebe sein kann,
Liebe zum ganzen Menschen,

Liebe ohne Wenn und Aber ...

weil es Menschen gibt,
die Hände haben, die liebkosen
und Liebe spürbar machen;
die auch dann zu dir halten,
wenn alle Welt sich von dir trennt.
Bei ihnen fühlst du dich zu Hause ...

weil es Menschen gibt,
die bereit sind,
sich immer wieder zu verändern
und etwas dazuzulernen;
auch in späten Jahren,
wenn Jüngere sie vielleicht
nur noch bemitleiden ...

weil es Menschen gibt,
die willens sind,
denen, die hungern
und kein Obdach haben,
zur Seite zu stehen.
Sie sind die Engel des Guten ...

weil es Menschen gibt,
die Spaß verstehen
und auch mal
über sich selber lachen.

Sie wissen, echte Freude
kommt aus dem Herzen;
echter Humor tut allen gut,
auch der eigenen Seele ...

weil es Menschen gibt,
die den Kleinen Prinzen
nicht nur gelesen haben,
sondern die auch wissen,
dass es nottut, ähnlich wie er
zu denken und zu reagieren:
dass man das Wesentliche
nicht mit den Augen sieht,
sondern mit dem Herzen!

Adalbert Ludwig Balling

Täglich zu singen

Ich danke Gott und freue mich
wie's Kind zur Weihnachtsgabe,
dass ich bin, bin! Und dass ich dich,
schön menschlich Antlitz, habe!

Dass ich die Sonne, Berg und Meer,
und Laub und Gras kann sehen
und abends unterm Sternenheer
und lieben Monde gehen!

Ich danke Gott mit Saitenspiel,
dass ich kein König worden;
ich wär geschmeichelt worden viel
und wär vielleicht verdorben.

Auch bet ich ihn von Herzen an,
dass ich auf dieser Erde
nicht bin ein großer reicher Mann
und auch wohl keiner werde.

Denn Ehr und Reichtum treibt und bläht,
hat mancherlei Gefahren,
und vielen hat's das Herz verdreht,
die weiland wacker waren.

Und all das Geld und all das Gut
gewährt zwar viele Sachen;
Gesundheit, Schlaf und guten Mut
kann's aber doch nicht machen.

Und die sind doch, bei Ja und Nein,
ein rechter Lohn und Segen!
Drum will ich mich nicht groß kastei'n
des vielen Geldes wegen.

Gott gebe mir nur jeden Tag,
so viel ich darf, zum Leben.
Er gibt's dem Sperling auf dem Dach.
Wie sollt er's mir nicht geben!

Matthias Claudius

Gebet

Schenke mir eine gute Verdauung, Herr,
und auch etwas zu verdauen.
Schenke mir Gesundheit des Leibes
mit dem nötigen Sinn dafür,
dass ich ihn möglichst gut erhalte.
Schenke mir eine heilige Seele, die im Auge
behält, was gut und rein ist,
die sich nicht einschüchtern lässt
vom Bösen, sondern Mittel findet,
die Dinge in Ordnung zu bringen.
Schenke mir eine Seele,
der die Langeweile fremd ist,
die kein Murren kennt, kein Seufzen und Klagen,
und lasse nicht zu, dass ich mir zu viele Sorgen mache um dieses Etwas,
das sich so breitmacht und sich „Ich" nennt.
Schenke mir den Sinn für freundlichen Humor.
Gib mir die Gnade, einen Scherz zu verstehen,
damit ich ein wenig Glück finde im Leben
und anderen davon weitergebe.

Thomas Morus

Der Kampf um den Blick des Kellners

Ich habe einen beträchtlichen Teil meines rund fünfzigjährigen Lebens zu gründlichen Nachforschungen verwendet, deren Ergebnis nunmehr mit wissenschaftlich fundierter Sicherheit feststeht: Die israelischen Kellner sehen mich nicht. Solange sich's nur um den Hauptgang handelt, komme ich bei ihnen noch einigermaßen an. Aber bis zum Wunsch nach einer Vor- und Nachspeise, einer Suppe, einer Beilage oder einer anderen Ergänzung meiner Mahlzeit darf ich mich nicht versteigen. Da hasten sie mit hochbeladenen Servierbrettern an mir vorbei und würdigen mich keines Blickes. Der israelische Kellner scheint mit Röntgenaugen ausgestattet zu sein. Er sieht durch mich hindurch, als wäre ich transparent. Es ist ein Musterfall der allgemein grassierenden Kommunikationskrise.

Wenn ich in einem israelischen Restaurant sitze, fühle ich mich wie der berühmte „Unsichtbare Mann", den der Filmschauspieler Claude Rains seinerzeit so überzeugend dargestellt hat.

Manchmal zwicke ich mich, um Gewissheit zu erlangen. Ich zwicke mich, ergo bin ich. Aber das heißt noch lange nicht, dass ich ergo auch mein Kompott bekomme. Kompott bekommt nur, wer den Blick des Kellners erhascht. Kein Kellnerblick – kein Kompott. So ist das Leben. Wäre ich ein Indianerhäuptling, ich hieße wahrscheinlich „Kleiner Vogel den kein Kellner sieht".

Andererseits könnte ich mir vorstellen, dass die indianischen Kellner mich sehen würden. Es sind die israelischen, die mich nicht sehen. Soll ich mich damit trösten, dass ich in meinem Dilemma nicht allein bin? Die Gaststätten des Gelobten Landes bersten von Möchtegernessern, die sich erfolglos bemühen, von einem Kellner gesehen zu werden. Einige hissen die Fahne der Rebellion in Form einer Papierserviette, die sie wild über ihrem Kopf hin und her schwenken, um auf diese Weise visuellen Kontakt mit dem Personal herzustellen. Oder sie schreien. Oder sie dreschen ihre Fäuste auf den Tisch. Aber was immer sie tun – kein Kellner sieht sie. Ich habe von einem verzweifelten Restaurantbesucher in Jaffa gehört, der zwecks Verdeutlichung seines Hungers eine blaurote Rakete abbrannte. Es gab auch schon Versuche mit Lassos. Und in einem unserer vornehmsten Schlemmerlokale saß einmal ein Gast zwanzig Minuten lang mit einer Blinklampe auf dem Kopf in der Hoffnung, durch ständiges Blink-blink-blink die Aufmerksamkeit eines Kellners zu erregen. Er hoffte vergebens.

Nach Ansicht erfahrener Zeitgenossen gibt es nur einen einzigen sicheren Weg zur Herbeilockung eines Kellners: indem man aufsteht und das Lokal verlässt, ohne zu zahlen. Die Anhänger dieser These sind im Irrtum. Der israelische Kellner legt nicht den geringsten Wert auf ihr schäbiges Geld. Was er will, ist Macht, die nackte, selbstherrliche Macht, nur den zu nähren, der ihm passt. Außerdem ist schon manch ein Hungriger, der sich unter wüstem Schimpfen entfernt hatte, bald darauf reuig zurückgekehrt und hat sich wieder hingesetzt, zur nächsten Runde im Kampf um den Blick des Kellners. Auch Gewaltakte helfen nicht. Man kennt den Fall eines Gastes, durch den die Kellner so lange hindurchsahen, bis er sich für Glas hielt und gewissermaßen zu Prüfungszwecken ein Glas ergriff, das er an die Wand schleuderte, und dann noch eines, noch eines und noch eines. Das Urteil lautete auf zwei Stunden, die er zwischen den Glasscherben absitzen musste, und niemand kümmerte sich um ihn. Aber es sind auch schon Gäste verhungert, die ohne Glasscherben dasaßen. Vor der Illusion, durch ein generöses Trinkgeld ans Ziel zu gelangen, muss eindringlich gewarnt werden.

Der israelische Kellner ist nicht käuflich. Vor einigen Wochen, in einem kleinen, nur halb gefüllten Lokal mit weiblicher Bedienung, verlor ich die Kontrolle über mich, packte die ältliche Kellnerin an den Schultern und schüttelte sie: „Warum tun Sie so, als ob ich nicht vorhanden wäre? Nur weil ich ein Gast bin? Bin ich deshalb kein Mensch? Warum sehen Sie mich nicht?"

Die Kellnerin richtete sich auf, strich ihr graues Haar zurecht, sah mich ruhig an und sagte: „Ich stehe seit sieben Uhr früh auf den Beinen, mein Herr." Damit verschwand sie in Richtung Küche. Ich habe sie nicht mehr gesehen, besser gesagt: Sie hat mich nicht mehr gesehen.

Auf dem Heimweg verfiel ich in tiefe Nachdenklichkeit. Das ist es, sagte ich mir. Das ist der Grund für das defekte Verhalten der israelischen Kellner. Wenn die grauhaarige Hexe ihren Dienst ein wenig später angetreten hätte, sagen wir: um neun statt um sieben, hätte sie vielleicht die Umrisse meiner Gestalt ausmachen können. Und bei einem Arbeitsbeginn um die Mittagszeit wären sogar meine Gesichtszüge bis zu ihrer Netzhaut gelangt, wenn auch undeutlich. Wer weiß, am Ende hätte sie im Vorübereilen ein hastiges „Ich komme sofort" für mich fallen lassen. Natürlich wäre sie nie gekommen. Aber ich hätte mir wenigstens sagen dürfen, dass ich gesehen wurde. Ich gebe die Hoffnung nicht auf. Eines Tages werde ich meinen Lebenserinnerungen eine kurze Notiz anfügen: „Heute habe ich den Blick eines Kellners erhascht. Ich bin im Himmel." Und dann sterbe ich, mit einem triumphierenden Lächeln auf den Lippen.

Ephraim Kishon

Muttis Geburtstag

Kinder", sagte der Hausvater, ich also, "heute ist Muttis Geburtstag, da wollen wir alle recht, recht fröhlich sein." Wir küssten Muttis Mund und Hände, wünschten ihr Glück und gingen in die Essstube, da waren die Geschenke aufgebaut: ein Kamelienbäumchen, das hatte sich Mutti besonders gewünscht, eine schöne blaue Vase, eine Teekanne und ein Paar schwedische Handschuhe.

„Ach", jauchzte Mutti, als sie die Handschuhe erblickte und versuchte, sie anzuziehen. „Leider eine Spur, gerade eine Spur zu klein. Vielleicht kann man sie umtauschen?" Ein fragender Blick ging rundum.

„Natürlich kann man sie umtauschen. Wie ist aber möglich, dass sie zu klein ausgefallen sind? Du hast doch Nummer 6 ½ – nicht wahr?" „Nein", gab Mutti kleinlaut zu, „ich brauche 6 ¾ – 6 ½ habe ich nur so gesagt ..."

Über die blaue Vase glitt Mutti weg, sie schien ihr nicht sonderlich zu gefallen. Gegen die Teekanne hatte sie nur ein Bedenken: Sie würde schwer zu reinigen sein, eine glatte wäre brauchbarer gewesen.

„Aber das Kamelienbäumchen!", rief ich, um ihre Laune zu heben, schob es in die Mitte und drehte es hin und her, damit es Eindruck mache. Mutti lächelte fadendünn: „Es ist eine Hortensie." Ich darauf: „Liebste, jeder Mensch sieht doch, dass es eine Kamelie ist." Mutti schüttelte den Kopf: „Nein, eine Hortensie."

Der botanische Hader sollte sich nicht zuspitzen, heut ist doch Geburtstag – da versuchte ich abzulenken: „Du bist irgendwie unzufrieden, Liebste. Fehlt dir etwas?"

„Ja", sagte sie und fiel mir um den Hals, „mir fehlt etwas. Alle Jahre hat man mich mit einem Telegramm von Großmama geweckt. In ihrem letzten Brief war von Schnupfen die Rede ... Am Ende ist sie krank."

„Deine Mama ist, Gott sei Dank, gesund wie ein Fisch. Sie wird einfach vergessen haben. Oder das Telegramm hat sich verspätet. Kinder, heut ist Muttis Geburtstag, da wollen wir alle recht, recht fröhlich sein. Fix in die Schule, Kinder – und Nachmittag machen wir einen Ausflug."

Aristoteles – das ist unser Junge, er ist vierzehn – saß auf dem Sofa, hatte die Arme verschränkt und zog ein finsteres Gesicht.

„Ich gehe nicht in die Schule."

„Was soll das heißen?"

„Das soll heißen", sprach er, „dass ich gestern durchgefallen bin. In Geografie. Sie haben mich gefragt, wer Newton war." „Und du?" „Ich hab geantwortet: Newton war ein Seeheld." „Aber das war doch falsch."

„Ja, falsch. Aber Newton oder Nelson – es gehört nicht in die Geografie – einen das in Geografie zu fragen, ist ungerecht, und Ungerechtigkeit mach ich nicht mit."

„Ich geh auch nie mehr in die Schule", murrte die Tochter, sie ist neun.

„Sondern?"

„Sondern ich werde einen praktischen Beruf ergreifen."

„Kinder! Seid vernünftig! Seid fröhlich! Denkt daran: Heut ist doch Muttis Geburtstag."

Ich hatte es noch nicht gesagt, da erschien der Hauswirt und maulte: Unser Koks sei in den falschen Keller geräumt worden, der Koks müsse sofort wieder raus, noch heute – und überhaupt sei das Haus verkauft, wir hätten die Wohnung am Ersten zu verlassen.

Und ein Bote rückte mit zwei Quittungen an – 17 und 56,10, sofort zu bezahlen – die 45,09, die ich letzthin geschickt hatte, seien auf das vorige Steuerjahr gebucht worden.

Um elf kam die Aufwärterin – sie hätte schon um halb acht da sein sollen – und brachte mit herzlichem gutem Morgen ihr Geschenk für Mutti, eine Geburtstagstorte. Mutti pflegte anzudeuten, sie sei 33 – habe schon mit 16 geheiratet, daher der große Sohn ... Die Aufwartefrau hatte 44 Lichter auf die Torte gesetzt. Gott, sie habe es sich nach dem Aussehen von Frau Roda so zurechtgereimt. Darüber wurde Mutti ernstlich ungehalten und schob

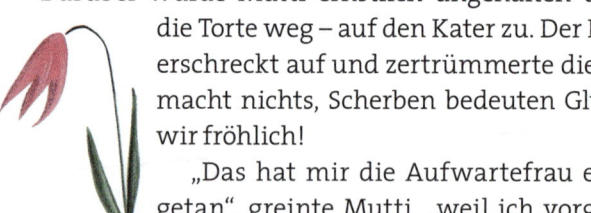

die Torte weg – auf den Kater zu. Der Kater fuhr erschreckt auf und zertrümmerte die Vase. Na, macht nichts, Scherben bedeuten Glück. Seien wir fröhlich!

„Das hat mir die Aufwartefrau eigens angetan", greinte Mutti, „weil ich vorgestern zu ihrem Bräutigam ,Herr Bill' gesagt hab, und der neue heißt Robert. Oh, ich durchschaue dieses Frauenzimmer."

„Aber, aber, Mutti, wer wird sich mit einer ungebildeten Person befassen? Was ist schließlich eine Aufwärterin? Sie geht, und nach einem Monat weiß man nicht einmal mehr ihren Namen."

„Schöne soziale Ansichten hast du, ich danke. In welchem Jahrhundert lebst du denn? Die Person ist übrigens durchaus nicht ungebildet, sie hat es sogar faustdick hinter den Ohren – und das Ganze, glaubt mir, ist eine abgekartete Sache zwischen ihr und Frau Needle. Sie will zu Frau Needle und dort alles über uns ausklatschen."

Ob diesem Gespräch hatte man vergessen, dass das Bad für Vati eingelassen war. Unser Badezimmer liegt in der Mansarde. Erst durch ein Knistern in der Zimmerdecke wurden wir aufmerksam – ich eilte hinauf, um den Hahn abzudrehen. Zu spät. Das Wasser kam mir die Mansardentreppe entgegen, oben stand es knöchelhoch. Im Esszimmer unten war es leis die eine Wand herabgerieselt, wo die beiden Aquarelle hingen. Bedauerlich, dass Aquarelle sich so leicht abwaschen. Auch das Tischchen unsres Biedermeierspiegels hatte sich aufgelöst, plötzlich fiel die Marmorplatte heraus.

Der Kater muss Schaden gelitten haben, er hielt sich beharrlich die Vorderpfote ans Mäulchen und äußerte Unzufriedenheit.

„Armes Tier", klagte Mutti und herzte ihn. Worauf

er ihr mit den Krallen eine Hakenquart durch das Antlitz zog. „Es ist heute schon alles verhext", sagte sie, „ich fürchte mich."

Ja, aber endlich müssen wir unsern Kaffee haben. „So kalt, wie er ist, mag ich ihn nicht trinken – an meinem Geburtstag", sprach Mutti. Ich rief nach der Aufwärterin, sie soll den Kaffee wärmen. Wir warteten. Warteten lange, die Aufwärterin kam nicht. Ich schellte.

Vergebens. Mutti war schon ungehalten – da ging ich nachsehen, wo die Aufwärterin bleibt. Der Herd war in Unordnung, der Kaffee vergossen, es roch nach Gas. „Es ist explodiert", erklärte die Aufwärterin, sie lag auf Muttis Bett. „Ich hab mich verbrannt." „Wo, wo haben Sie sich verbrannt?", fragte ich besorgt.

„Ich soll es Ihnen wohl zeigen?", zischte sie. „Das tät Ihnen so passen. Sie alter Unhold. Ich muss ins Krankenhaus." Wir telefonierten um den Rettungswagen – er kam nicht und kam nicht.

„Sie hat sich gar nicht verbrannt", sprach Mutti mit dem Erzklang der Überzeugtheit, „sie hat einfach vorhin an der Tür gehorcht und tut alles mir zum Tor."

Richtig sprang die Aufwärterin mit einem Mal hoch; in einem Haus, wo man nicht einmal gerettet wird, wenn man sich schwer verletzt hat, da möge sie nicht bleiben; verlangte den Lohn für zwei Wochen und die Verpflegungskosten und zog ab. „Zu Frau Needle", setzte sie höhnisch hinzu.

„Also! Hab ich recht gehabt?", sagte Mutti.

Wir standen da, und von Essen war fürs Erst keine Rede.

„Liebste", ich suchte sie zu begütigen, „du bist vielleicht etwas zu erregt gewesen." „Sehr begreiflich. Wo bleibt nur das Telegramm von Großmama?"

Die Lichter der Geburtstagstorte waren beinah niedergebrannt, und wir hatten es leider, leider nicht beachtet. Drei, vier Lichter fielen um. Wer es nicht selbst erlebt hat, wird nicht glauben, dass eine Gardine so brisant aufflammen kann; geradezu wie Schießbaumwolle.

Eben unterhält sich Mutti an der Flurtür mit zwei Polizisten – die verlangten, wir sollten ihnen einen gewissen Tom Fliss ausliefern, genannt Big Tom, einen Verbrecher, der halte sich bei uns versteckt.

„Hilfe!", brüllte ich. „Herbei die Feuerwehr!"

„Alles mit die Ruhe", entgegnete der ältere von den beiden Polizisten, zückte Taschenbuch und Bleistift und begann: „Name? Wo und wann geboren? Was ist verbrannt, wie hoch schätzen Sie die Gegenstände im Einzelnen, wie können Sie Ihre Forderung begründen?"

„Ist schon vorbei", berichteten die Kinder – sie waren hervorgekommen –, „wir haben alles gelöscht. Nur Muttis Persianermantel ist hin und der Deckel vom Klavier."

Traurig betrachtete Mutti die Reste ihres Persianermantels und putzte mit Spucke die Brandflecke auf dem Klavierdeckel.

„Und kein Telegramm von Großmama, kein Telegramm", jammerte sie.

„Dieses blödsinnige Telegramm! Denk nicht immer daran! Heut ist dein Geburtstag – da wollen wir recht, recht fröhlich sein."

„Kinder", sagte Mutti, „geht mal hinaus, ich habe mit Vater zu sprechen."

Und als die Kinder gegangen waren: „Wie kannst du nur von Blödsinn reden? Wer ist blödsinnig? Das Telegramm? Du hast es doch nicht gesehen, es ist ja noch gar nicht da. Wen also meinst du mit dem Blödsinn? Meine Mutter? Oder mich? Oder wen sonst?"

„Ach, es war eine Redensart, nichts weiter."

„Eine taktlose, sogar eine blödsinnige Redensart, mein Bester."

„Erlaub einmal? Bin ich, ich blö..."

In diesem Augenblick schrillte die Klingel – ich ging öffnen. Unser Freund Francis Horche, Rechtsanwalt. Er wollte gratulieren.

„Sie kommen mir wie gerufen", begrüßte ihn Mutti.

„Vom Fleck reichen Sie die Scheidungsklage ein gegen meinen Mann – wegen grausamer Behandl..."

Doch auch sie konnte nicht fertigsprechen.

Endlich, endlich, endlich war das langerwartete Telegramm da von Großmama: „Möge jeder Tag Eures Lebens, Ihr geliebten Kinder, so heiter, so glücklich und harmonisch wie dieser verlaufen." Amen.

Roda Roda

Gibt es schließlich eine bessere Form,
mit dem Leben fertigzuwerden,
als mit Liebe und Humor?

Charles Dickens

Humor ist ein Geschenk des Himmels

Die Seligpreisung

Selig, die über sich selbst lachen;
sie werden genug Unterhaltung finden.

Selig, die einen Berg von einem
Maulwurfshügel unterscheiden;
sie werden sich Ärger ersparen.

Selig, die schweigen und zuhören;
sie werden viel Neues erfahren.

Selig, die kleine Dinge ernst und
ernste Dinge gelassen nehmen;
sie werden weit kommen.

Selig, die Gott erkennen und lieben;
sie werden Güte und Freude ausstrahlen.

Die kleinen Schwestern des Charles de Foucauld, Paris

Bezahlter Scherz

An einer unserer Mittelmeerfahrten nahm ein gemütlich-pfiffiger Mann von vielleicht vierzig Jahren teil, der sich, ohne gerade unangenehm aufzufallen, gerne wichtig und beliebt zu machen suchte; besonders jüngeren Damen gegenüber, die bei solchen Reisen spärlich genug unter die Gesellschaft gemischt sind und daher weit über Gebühr umworben werden.

Wir kamen in Nordafrika nach Leptis magna, eine klassische Stätte, wo Reste des Altertums aus dem tiefen, reinen Wüstensand gegraben werden und wo sich, wie nicht anders zu erwarten war, auch der Besucher sofort eine Art von Schatzgräberfieber bemächtigte.

Sie starrten unentwegt auf den Boden, ließen den Sand durch die Finger gleiten und hoben allerlei Nichtigkeiten wie Tonscherben oder Steinchen aus buntem Glasfluss auf, missmutig darüber, dass ihnen das Glück nicht holder sein wollte.

Umso erstaunter waren wir alle, den Pfiffigen mir nichts, dir nichts einen Fund um den andern tun zu sehen; er brachte bald eine Kupfermünze zum Vorschein, bald wies er strahlend ein beachtliches Bruchstück eines Gefäßes vor, gewiss nichts von wirklichem Wert, aber als Andenken, an Ort und Stelle gefunden, von unschätzbarer Bedeutung.

Der Glückspilz genoss unsern Neid mit Behagen,

er prahlte damit, dergleichen auf seinen vielen Reisen schon oft entdeckt zu haben, ja, noch ganz anderer Schätze rühmte er sich, in Segesta, Epidauros und wer weiß wo könne einer noch was erbeuten, was sich des Mitnehmens lohne. Und wie um seine vermessenen Redensarten zu erhärten, teilte er mit artiger Überlegenheit Münzen und Scherben an die jungen Damen aus, die ihm denn auch begierig nachliefen wie der Tross dem Goldgräber.

Und als er schließlich erklärte, das halbe Tonfigürchen, das er eben aus dem Sande zauberte, nur der Schönsten gegen einen Kuss ablassen zu wollen, und als in der Tat diese und jene, verlegen-übermütig lachend, mit solchem Preis sich einverstanden zeigte, da war der neidvolle Zorn der Gesellschaft aufs Höchste gestiegen: Solchen Frevel konnte der Himmel nicht näher ansehen!

Wer aber nicht länger zusehen konnte und wollte, das war ein baumlanger Neger, als Wächter in dem Grabfelde bestellt. Der packte den vermeintlichen Dieb beim Kragen und schleppte ihn vor den Leiter der Ausgrabungen, in wilden Worten, sicher höchst übertrieben, die verbotene, aber unheimlich erfolgreiche Schatzgräberei des Besuchers schildernd.

Halb ängstlich, halb schadenfroh umstanden die Reisegefährten, unter der glühenden und blendenden Sonne, das unvermutete Schauspiel. Der Beamte war kein freundlicher Herr, er verstand keinen Spaß, sondern ging mit strengen Fragen dem Angeklagten zu Leibe. Soviel wir aus der raschen Flut seiner italienischen Worte herausfischen konnten, beklagte er tief den Missbrauch der erwiesenen Gastfreundschaft, erklärte, dass er an dem Punkt angekommen sei, wo täglich, ja, stündlich mit dem Auftauchen kostbarster Güter der heiligen Antike und glorreichen Vorzeit des Vaterlandes zu rechnen sei, und argwöhnte, der Herr habe die lang ersehnte, goldene Statuette bereits in die Taschen gesteckt – die zu durchsuchen er nun ohne Weiteres Anstalten machte.

Was blieb dem durch vermeintliches Glück ins Unglück gestürzten Fremdling andres übrig, als ein offenes Bekenntnis abzulegen? Dass er nämlich, vor Antritt der Reise, daheim in Deutschland für billiges Geld ein wenig von dem Plunder gekauft habe, einzig zu dem Zweck, seine Fahrtgenossen durch Vortäuschung eines Fundes zu hänseln und sich selbst als gönnerhafter Verschenker solcher Reichtümer in ein großartiges Licht zu setzen.

Diese Beichte, mühsam genug in der fremden Sprache vorgebracht, erweckte bei uns allen eine herzliche Heiterkeit, um die der Verlachte noch froh sein musste, da sie, mehr als seine beteuernden Worte, das Misstrauen des Beamten zerstreute; sehr zum Staunen des riesigen Negers, der einen Erzschelm gefangen zu haben glaubte, wurde er in Gnaden entlassen, für den Rest der Reise ward er die Zielscheibe unseres Spottes.

Trotzdem gaben die beschenkten jungen Damen die doch eigentlich entwerteten Andenken nicht zurück. Denn, so sagten sich die Listigen, sie konnten ja guten

Gewissens schwören, dass sie mit eigenen Augen gesehen hätten, dass diese Münzen und Tonscherben im klassischen Trümmerfeld des afrikanischen Ortes aus dem Sand gehoben wurden, und außerdem wusste der Schlaukopf, sobald er sich wieder auf dem Schiff und in Sicherheit sah, geschickt durchblicken zu lassen, es könnte sein peinliches Geständnis eine Finte gewesen sein, um, wenn auch mit Schande, so doch ohne Schaden aus dem üblen Handel sich zu ziehen. Und da er unsern Spott gutmütig hinnahm und überdies die Gabe besaß, sich vor den Menschen angenehm zu machen, behielt ihn keiner im schlechten Andenken, ja, beim Abschied bedankten sich die Frauen, denen er von seinen Kostbarkeiten etwas verehrt hatte, noch herzlich und machten kein Hehl daraus, dass sie, unter halbem Verschweigen der Wahrheit, mit ihren Mitbringseln bedeutenden Eindruck auf die Ihrigen zu erwirken gedächten.

Eugen Roth

Humor

Die Sonne blickt mit hellem Schein
so freundlich in die Welt hinein.
Mach's ebenso!
Sei heiter und froh!
Der Baum streckt seine Äste vor;
zur Höhe strebt er kühn empor.
Mach's wie der Baum
im sonnigen Raum!
Die Quelle springt und rieselt fort,
zieht rasch und leicht von Ort zu Ort.
Mach's wie der Quell
und rege dich schnell!
Der Vogel singt sein Liedlein hell,
freut sich an Sonne, Baum und Quell.
Mach's ebenso!
Sei rüstig und froh!

Johann Gottfried Herder

Eine kleine Sonntagspredigt: Vom Sinn und Wesen der Satire

Über dem geläufigen Satze, dass es schwer sei, keine Satire zu schreiben, sollte nicht vergessen werden, dass das Gegenteil, nämlich das Schreiben von Satiren, auch nicht ganz einfach ist. Das Schwierigste an der Sache wird immer die Vorausberechnung der Wirkung bleiben. Zwischen dem Satiriker und dem Publikum herrscht seit alters Hochspannung. Sie beruht im Grunde auf einem ebenso einseitigen wie resoluten Missverständnis, das der fingierte Sprecher eines Vierzeilers von mir, eben ein satirischer Schriftsteller, folgendermaßen formuliert:

Ich mag nicht länger drüber schweigen, weil ihr es immer noch nicht wisst:

Es hat keinen Sinn, mir die Zähne zu zeigen –

Ich bin gar kein Dentist!

Wie gesagt, die Verfasser von Satiren pflegen missverstanden zu werden. Seit sie am Werke sind – und das heißt, seit geschrieben wird –, glauben die Leser und Hörer, diese Autoren würfen ihrer Zeit die Schaufenster aus den gleichen Motiven ein wie die Gassenjungen dem Bäcker. Sie vermuten hinter den Angriffen eine böse, krankhafte Lust und brandmarken sie, wenn sie es vorü-

bergehend zum Reichspropagandaminister bringen, mit dem Participium praesentis „zersetzend". Solche Leser sind aus Herzensgrund gegen das Zersetzen und Zerstören. Sie sind für das Positive und Aufbauende. Wie aufbauend sie wirken, kann man, falls sie es vorübergehend zum Reichspropagandaminister bringen, später bequem und mit bloßem Auge feststellen.

In der Mittelschule lernt man auf Lateinisch, dass die Welt betrogen werden wolle. In der eigenen Muttersprache lernt man's erst im weiteren Verlauf – aber gelernt wird's auf alle Fälle, in der Schulstunde fehlt keiner. Die umschreibende Redensart, dass die Menschen sich und einander in die Augen Sand streuen, trifft die Sache nicht ganz. Man streut sich auf der Welt keineswegs Sand in die Augen. So plump ist man nicht. Nein, man streut einander Zucker in die Augen. Klaren Zucker, raffinierten Zucker, sehr raffinierten sogar, und wenn auch das nicht hilft, schmeißt man mit Würfelzucker! Der Mensch braucht den süßen Betrug fürs Herz. Er braucht die Phrasen, weich wie Daunenkissen, sonst kann sein Gewissen nicht ruhig schlafen. Als ich vor rund fünfundzwanzig Jahren nach bestem Wissen und Gewissen zu schreiben begann, kamen immer wieder Beschwerdebriefe. Mit immer wieder dem gleichen Inhalt. Wo, wurde resigniert oder auch böse gefragt, wo bleibt denn nun bei Ihnen das Positive? Ich antwortete schließlich mit einem Gedicht und zitiere ein paar Strophen, weil sie zum

Thema gehören und heute nicht weniger am Platze sind als damals:

Und immer wieder schickt ihr mir Briefe, in denen ihr, dick unterstrichen, schreibt:

„Herr Kästner, wo bleibt das Positive?"

Ja, weiß der Teufel, wo das bleibt.

Noch immer räumt ihr dem Guten und Schönen den leeren Platz überm Sofa ein.

Ihr wollt euch noch immer nicht daran gewöhnen, gescheit und trotzdem tapfer zu sein.

Die Spezies Mensch ging aus dem Leime und mit ihr Haus und Staat und Welt.

Ihr wünscht, dass ich's hübsch zusammenreime, und denkt, dass es dann zusammenhält?

Ich will nicht schwindeln. Ich werde nicht schwindeln.

Die Zeit ist schwarz. Ich mach euch nichts weiß.

Es gibt genug Lieferanten von Windeln, und manche liefern zum Selbstkostenpreis ...

Dem Satiriker ist es verhasst, erwachsenen Menschen Zucker in die Augen und auf die Windeln zu streuen. Dann schon lieber Pfeffer! Es ist ihm ein Herzensbedürfnis, an den Fehlern, Schwächen und Lastern der Menschen und ihrer eingetragenen Vereine – also an der Gesellschaft, dem Staat, den Parteien, der Kirche, den Armeen, den Berufsverbänden, den Fußballklubs und so weiter – Kritik zu üben. Ihn plagt die Leidenschaft, wenn irgend möglich, das Falsche beim richtigen Namen zu nennen.

Seine Methode lautet: Übertriebene Darstellung negativer Tatsachen mit mehr oder weniger künstlerischen Mitteln zu einem mehr oder weniger außerkünstlerischen Zweck. Und zwar nur im Hinblick auf den Menschen und dessen Verbände, von der Einehe bis zum Weltstaat. Andere, anders verursachte Missstände – etwa eine Überschwemmung, eine schlechte Ernte, ein Präriebrand – reizen den Satiriker nicht zum Widerspruch. Es sei denn, er brächte solche Katastrophen mit einem anthropomorph vorgestellten Gott oder einer Mehrzahl vermenschlichter Götter in kausale Zusammenhänge.

Der satirische Schriftsteller ist, wie gesagt, nur in den Mitteln eine Art Künstler. Hinsichtlich des Zwecks, den er verfolgt, ist er etwas ganz anderes. Er stellt die Dummheit, die Bosheit, die Trägheit und verwandte Eigenschaften an den Pranger. Er hält den Menschen einen Spiegel, meist einen Zerrspiegel, vor, um sie durch Anschauung zur Einsicht zu bringen. Er begreift schwer, dass man sich über ihn ärgert. Er will ja doch, dass man sich über sich ärgert! Er will, dass man sich schämt. Dass man gescheiter wird. Vernünftiger. Denn er glaubt, zumindest in seinen glücklicheren Stunden, Sokrates und alle folgenden Moralisten und Aufklärer könnten recht behalten: dass nämlich der Mensch durch Einsicht zu bessern sei.

Lange bevor die „Umerziehung der Deutschen" aufs Tapet kam, begannen die Satiriker an der „Umerziehung des Menschengeschlechts" zu arbeiten.

Die Satire gehört, von ihrem Zweck her beurteilt, nicht zur Literatur, sondern in die Pädagogik! Die satirischen Schriftsteller sind Lehrer. Pauker. Fortbildungsschulmeister.

Nur – die Erwachsenen gehören zur Kategorie der Schwererziehbaren. Sie fühlen sich in der Welt ihrer Gemeinheiten, Lügen, Phrasen und längst verstorbenen Konventionen „unheimlich" wohl und nehmen Rettungsversuche außerordentlich übel. Denn sie sind ja längst aus der Schule und wollen endlich ihre unverdiente Ruhe haben. Rüttelt man sie weiter, speien sie Gift und Galle. Da erklären sie dann, gefährlichen Blicks, die Satiriker seien ordinäres Pack, beschmutzten ihr eigenes Nest, glaubten nicht an das Hohe, Edle, Ideale, Nationale, Soziale und die übrigen heiligsten Güter, und eines Tages werde man's ihnen schon heimzahlen! Die Poesie sei zum Vergolden da. Mit dem schönen Schein gelte es, den Feierabend zu tapezieren. Unbequem sei bereits das Leben, die Kunst sei gefälligst bequem!

Es ist ein ziemlich offenes Geheimnis, dass die Satiriker gerade in Deutschland besonders schwer dran sind. Die hiesige Empfindlichkeit grenzt ans Pathologische.

Der Weg des satirischen Schriftstellers ist mit Hühneraugen gepflastert. Im Handumdrehen schreien ganze Berufsverbände, Generationen, Geschlechter, Gehaltsklassen, Ministerien, Landsmannschaften, Gesellschaftsschichten, Parteien und Haarfarben auf. Das Wort „Ehre" wird zu oft gebraucht, der Verstand zu wenig und die Selbstironie – nie.

Das wird und kann die Satiriker nicht davon abhalten, ihre Pflicht zu erfüllen. „Sie können nicht schweigen, weil sie Schulmeister sind", hab ich in einem Vorwort geschrieben, „– und Schulmeister müssen schulmeistern. Ja, und im verstecktesten Winkel ihres Herzens blüht schüchtern und trotz allem Unfug der Welt die törichte, unsinnige Hoffnung, dass die Menschen vielleicht doch ein wenig, ein ganz klein wenig besser werden könnten, wenn man sie oft genug beschimpft, bittet, beleidigt und auslacht. Satiriker sind Idealisten."

Zum Schluss der Predigt sei diesen beklagenswerten Idealisten ein Spruch auf ihren mühseligen Weg mitgegeben:

Vergesst in keinem Falle, auch dann nicht, wenn vieles misslingt:

Die Gescheiten werden nicht alle!
(So unwahrscheinlich das klingt.)

Erich Kästner

Der Vogel hat Humor

Es sitzt ein Vogel auf dem Leim,
er flattert sehr und kann nicht heim.
Ein schwarzer Kater schleicht herzu,
die Krallen scharf, die Augen gluh.
Am Baum hinauf und immer höher
kommt er dem armen Vogel näher.
Der Vogel denkt: Weil das so ist
und weil mich doch der Kater frisst,
so will ich keine Zeit verlieren,
will noch ein wenig quinquilieren
und lustig pfeifen wie zuvor.
Der Vogel, scheint mir, hat Humor.

Wilhelm Busch

Wenn ich ein Vöglein wär

Es fliegen die Vögelein vor unsern Augen über uns zu kleinen Ehren, dass wir wohl möchten unsere Hütlein gegen sie abtun und sagen: Mein lieber, kleiner Herr Doktor, ich muss bekennen, dass ich die Kunst nicht kann, die du kannst. Du schläfst die Nacht über in deinem Nestlein ohne alle Sorge. Des Morgens fliegst du wieder aus, bist fröhlich und guter Dinge, setzest dich auf einen Baum und singest, lobest und dankest Gott; darnach suchest du dein Körnlein und findest es.

Pfui, was habe ich alter Narr gelernt, dass ich's nicht auch tue, der ich doch so viele Ursachen dazu habe? Daher: Das Vögelein lässt sein Sorgen und hält sich in solchem Falle wie ein lebendiger Heiliger und hat doch weder Äcker noch Scheunen, weder Kasten noch Keller; es singt, lobt Gott, ist fröhlich und guter Dinge.

Martin Luther

Geburtstagswunsch

Bin ich auch noch viel zu klein,
komme ich doch hier herein,
dass ich an dem Feiertag
Großmama begrüßen mag.
Als ein dummer kleiner Wutz
bin ich sonst zu gar nichts nutz.

Ottilie Wildermuth

Zu einem Geschenk

Ich wollte dir was dezidieren,
nein schenken; was nicht zu viel kostet.
Aber was aus Blech ist, rostet,
und die Messinggegenstände oxydieren.
Und was kosten soll es eben doch.
Denn aus Mühe mach ich extra noch
was hinzu, auch kleine Witze.
Wär bei dem, was ich besitze,
etwas Altertümliches dabei –
doch was nützt dir eine Lanzenspitze!
An dem Bierkrug sind die beiden
Löwenköpfe schon entzwei.
Und den Buddha mag ich selber leiden.
Und du sammelst keine Schmetterlinge,
die mein Freund aus China mitgebracht.
Nein – das Sofa und so große Dinge

kommen überhaupt nicht in Betracht.
Außerdem gehören sie nicht mir.
Ach, ich hab die ganze letzte Nacht
rumgegrübelt, was ich dir
geben könnte. Schlief deshalb nur eine,
allerhöchstens zwei von sieben Stunden,
und zum Schluss hab ich doch nur dies kleine,
lumpige verschlissne Ding gefunden.
Aber gern hab' ich für dich gewacht.
Was ich nicht vermochte, tu du's: Drücke du
nun ein Auge zu
und bedenke,
dass ich dir fünf Stunden Wache schenke.
Lass mich auch in Zukunft nicht in Ruh.

Joachim Ringelnatz

Oh Mensch,
lerne tanzen,
sonst wissen die
Engel im Himmel
nichts mit dir
anzufangen.

Augustinus von Hippo

Die besten Engel haben keine Flügel

Engel auf Urlaub

"Ich mache Urlaub", sagte der Engel und sah Jakob lachend an, "sich einmal so richtig gehen lassen können, das wäre schön." Er streifte seine Flügel ab, warf sie auf das große Wohnzimmersofa, wo sie mit einem leisen Rauschen landeten, und verließ die Wohnung wie ein gewöhnlicher Sterblicher durch die Eingangstür.

"Moment mal", rief Jakob ihm hinterher, "und ich, was ist mit mir?" Aus dem dunklen Flur kam ein verhaltenes Kichern, das sich langsam entfernte. "Na so was", dachte der junge Mann mit dem Ohrring und dem senfgelben Seidenhemd, "jetzt verschwindet der Kerl einfach. Nicht zu fassen. Wirklich eine merkwürdige Situation. Irgendwie fühlt man sich gleich ganz hilflos, wenn kein Schutzengel mehr da ist."

Jakob hatte den Satz noch nicht zu Ende gedacht, da riss er sich an einer hervorstehenden Kante des gut bestückten Bücherregals sein kostbares Hemd kaputt. Als er wütend gegen die instabilen Bretter trat, lösten sich aus dem obersten Fach mehrere schwere Bücher, die herabfielen und ihm an Schulter und Rücken schmerzhafte Prellungen verursachten.

"Jetzt pass doch auf", schrie er laut, und es war nicht ganz klar, wen er damit meinte. Genervt ließ er sich in den Sessel fallen, zuckte noch einmal zusammen, als er das Zerbrechen seiner Brille hörte, zog die Trümmer

unter sich hervor und fing leise an zu weinen.

Zugegebenermaßen kannte Jakob seinen Engel erst seit etwa einer Woche. Jedenfalls hatte er ihn am Morgen nach der Hochzeitsfeier seiner Schwester zum ersten Mal bemerkt, vielleicht sollte man besser sagen: bewusst bemerkt. In der Nacht war er übermüdet und leicht angeheitert nach Hause gefahren und dabei nur knapp einem frontal entgegenkommenden Lkw ausgewichen, dessen Fahrer die Gewalt über das Steuer verloren hatte.

„Da könnte wieder mal ein Schutzengel seine Flügel im Spiel haben", war es ihm durch den Kopf geschossen, als er sicher in seiner Wohnung angekommen war. „Schade, dass man diese Burschen nie zu Gesicht bekommt."

Am Morgen danach hatte er im Badezimmerspiegel dann einen merkwürdig hellen Fleck auf seiner Schulter entdeckt. Da er seine Brille immer erst nach dem Rasieren aufsetzte, hatte er das Schimmern anfangs für einen Ausschlag gehalten und sich verzweifelt mit Waschlappen und viel Seife bemüht, den ungewohnten Glanz zu entfernen. Es war zwecklos gewesen. Selbst eine edle Hautcreme, die seine verflossene Freundin bei ihm liegen gelassen hatte, bevor sie ihn endgültig wegen eines Gitarre spielenden BWL-Studenten verstieß, hatte die be- und misshandelte Stelle nur gerötet, zu einer Besserung war es nicht gekommen.

Der helle Fleck war auch geblieben, als er die Brille aufgesetzt hatte – übrigens genauso unscharf wie vorher –, und selbst nach dem Anziehen war ihm das Glitzern weiterhin in die Augen gestochen.

„Also, ich sehe keine gefährlichen Symptome", hatte der Arzt beruhigend gesagt, „vielleicht sind Sie etwas überarbeitet."

Auch alle Freunde und Bekannten waren sich freundlich einig gewesen: „Du spinnst, da ist überhaupt nichts."

Jakob aber hatte sich bemüht, den hellen Fleck genauer zu betrachten. Und nach und nach, von Tag zu Tag deutlicher, waren unter dem Schimmern Konturen aufgetreten.

Und eines Tages endlich hatte der an seiner Wahrnehmung schon fast zweifelnde Mittdreißiger ganz klar erkannt: Der Fleck war offensichtlich nur der Glanz eines modischen Heiligenscheines, unter dem amüsiert und aufmerksam das Gesicht eines Engels über seine Schulter blickte.

Bald darauf hatte er ihn immer deutlicher gesehen, und vor einer Woche plötzlich, als draußen gerade ein frühherbstlicher Platzregen niedergegangen war, hatte ihn der Engel angesprochen.

„Nun, bist du jetzt zufrieden?"

„Wie meinst du das?", hatte Jakob gestottert und war

plötzlich rot geworden, als ihm bewusst wurde, dass der Engel wahrscheinlich alles, wirklich alles mitbekam, was er den ganzen Tag so trieb.

„Du wolltest deinen Schutzengel sehen, und hier bin ich. Bist du jetzt zufrieden oder nicht?"

Zwei Tage lang stolperte Jakob von einem Missgeschick in das nächste, dann hatte er genug. Was fiel diesem Engel eigentlich ein? Urlaub machen!

„Wo Engel wohl hinfahren, wenn sie sich entspannen wollen? Ins Paradies, nach Sylt oder vielleicht als Abwechslung mal in die Vorhölle?", grübelte er einen Moment lang belustigt, bevor er sich wieder ärgerte.

Und diesmal gab er der Versuchung nach. Seit der Engel verschwunden war, verlockten ihn die beiden liegen gebliebenen Flügel auf seinem Sofa, deren murmelweiche Fülle verführerisch schimmerte, sie anzufassen.

„Ob ich mit den Flügeln auch fliegen könnte?", schoss es ihm durch den Kopf, als er es wagte, die weißen, kaum spürbaren Daunen in die Hand zu nehmen. Einen kurzen Moment zögerte Jakob, dann schlüpfte er schnell in das Federkleid, bevor ihn neue Gewissensbisse zurückhalten konnten:

„Wenn mich der Gute alleine lässt, muss ich eben selbst sehen, wie ich ein bisschen Sicherheit in meinen chaotischen Alltag bekomme."

Er erschrak unter den warmen Schwingen, als er im

Spiegel an der Stelle, an der er eigentlich zu sehen sein müsste, nur einen hellen Fleck im Raum bemerkte, dann aber nahmen ihn ungewohnte Gefühle in Anspruch. Ein wohliges Beben durchlief seinen ganzen Körper, und die Flügel schmiegten sich an ihn, als wären sie schon immer ein Teil von ihm gewesen.

„Wie es ihm wohl ergeht, so ganz ohne seine Schwebehilfen?", fragte sich Jakob und hatte einen Augenblick Mitleid mit dem Engel. Dann aber sagte er sich, dass ein Schutzengel wahrscheinlich gut auf sich selbst aufpassen könne, sonst hätte er seinen Namen kaum verdient. Zufrieden kuschelte sich der liebesbedürftige Mann in die zarten Federn, die ihren Träger merklich stärkten, und drehte sich frech im Kreis. Dabei fühlte er plötzlich klar und deutlich, dass er unten gebraucht wurde. Ohne nachzudenken öffnete er das Fenster seiner Dachgeschosswohnung, stellte sich auf das Fensterbrett und sprang hinaus.

In der Luft überkam ihn dann doch eine seltsame Unruhe, die damit zu tun haben konnte, dass er senkrecht nach unten stürzte. Aber obwohl er vergeblich versuchte, die Flügel zu öffnen, spürte er keine Angst.

„Ein kurzes Abenteuer", kam es ihm in den Sinn, dann näherte sich der Boden mit unglaublicher Geschwindigkeit. Jakob fiel weiter. Er hatte das Durchdringen der Straßenoberfläche nicht einmal gespürt.

Heil durchquerte er nicht nur die Abwasserkanäle, sondern auch die Felsen, die unter den vielen Erdschichten lagen. Langsam wurde es wärmer.

„Nach oben", dachte er irgendwann, und ehe er sich's versah, machte er eine Kehrtwendung und schoss wieder Richtung Himmel.

„Halt", befahl Jakob sich, als das Licht ihn blendete, und da stand er auf der Straße.

„Merkwürdig, wozu brauchen Engel bloß ihre Flügel, wenn sie sich mit Geisteskraft bewegen?", murmelte er vor sich hin, bevor er sich, ganz langsam, in eine angenehme Flughöhe dachte. Entspannt schwebte er über die Stadt, blickte neugierig in hell erleuchtete Wohnzimmer, erkannte hin und wieder einen anderen vorbeieilenden Engel, ohne sich darüber zu wundern, und flog einige interessante Kunstübungen, die ihm im Sportunterricht nie gelungen waren. Als es anfing zu regnen, wurde er erfreulicherweise nicht nass, im Gegenteil, das wohlige Gefühl nahm sogar zu.

Instinktiv fing Jakob an, die Menschen zu beobachten. Und plötzlich spürte er wieder intensiv und diesmal ohne jeden Zweifel, dass sich bald, sehr bald dort unten ein schwerer Unfall ereignen würde, wenn nicht einem der himmlischen Boten etwas einfiele. Kurz darauf wusste Jakob genau, was passieren sollte, ja er sah die Abläufe sogar in Zeitlupe vor sich: Auf dem Bürgersteig der schmalen Hauptstraße lief zwischen den gerade ergrünenden Kastanienbäumen eine in ihren Regenmantel vermummte Frau. Sie pfiff „I'm singing in the rain", sprang lachend um die sich vergrößernden Pfützen und achtete nur wenig auf das, was um sie herum geschah. Auf dem Bürgersteig der nächsten Seitenstraße aber näherte sich erstaunlich schnell ein offenbar gehetzter Fahrradbote, der in wenigen Sekunden an der unübersichtlichen Ecke in die fröhlich tänzelnde Fußgängerin hineinrasen würde.

Jakob dachte sich blitzschnell neben die Frau und schrie ihr zu, sie solle aufpassen – vergeblich. Als er in Panik nach ihr greifen wollte, langten seine Hände ins Leere, sie konnten sich dem Körper nicht bemerkbar machen. Er sang, fluchte, sprang, klatschte. Einige Male hielt er ihr die Augen zu. Sie bemerkte nichts davon. Voller Angst wünschte er sich um die Ecke und versuchte, den übereiligen Radfahrer zu beeinflussen – vergeblich. Zu guter Letzt schlug er ihm mit voller Kraft ins Gesicht. Der Schwung seines Kinnhakens ließ ihn durch den unbeirrbar Dahinrasenden hindurchfliegen. Bevor Jakob sich orientieren konnte, hörte er hinter sich einen Schrei

und einen schreckenerregenden Knall, der sich in furchtbaren Geräuschen verlor. Als er sich umdrehte, lagen die beiden Beteiligten blutend am Boden und atmeten schwer. Die Frau hatte sich neben den eher unbedeutenden Schrammen offensichtlich das Bein gebrochen, während der Radfahrer wohl nur unter Schock stand und ungläubig die Reste seines ehemals wertvollen Alurahmens bestaunte.

Traurig saß Jakob auf einem Baum, als der Krankenwagen die beiden fortbrachte, und dachte eigentlich nichts. Er verstand weder die Zusammenhänge dieser unglaublichen Erlebnisse noch sein Versagen.

„Na, da habe ich ja noch mal rechtzeitig eingegriffen, was?" Ein kleiner, strahlender Engel setzte sich neben Jakob und legte ihm tröstend einen Flügel um die Schultern.

„Wenn ich nicht gewesen wäre, wäre die junge Dame mit dem Kopf auf den Boden geknallt und hätte sich einen Schädelbasisbruch geholt, aber so wird sie mit einem Gipsbein davonkommen. Du scheinst ja eher neu im Geschäft zu sein – mit deinem Rumgewinke und Gejohle. Hast du tatsächlich geglaubt, du könntest damit etwas erreichen?"

Jakob schluckte zweimal schwer, dann riss er sich zusammen: „Entschuldige, aber ich bin eigentlich ..." Er wurde unsicher, ob nicht auf unberechtigtes Benutzen von Flügeln möglicherweise ungeahnte Strafen standen und so fuhr er vorsichtig fort: „... eigentlich heute zum ersten Mal dabei. Und ich habe gleich völlig versagt."

„Jetzt nimm's nicht so schwer. Das passiert doch jedem am Anfang. Ich hatte damals den Job, den Untergang von Pompeji zu verhindern! Kleiner Scherz unter Engeln, kennst du sicher schon."

„Warum hat sie mich nicht bemerkt? Ich habe doch alles versucht!"

„Na, du bist aber naiv. Oder ist die Grundausbildung inzwischen so sehr im Niveau gesunken? Wir können uns den Menschen nicht so einfach bemerkbar machen, das wenigstens solltest du wissen. Na ja, ab und an macht der Chef eine Ausnahme, dann geht es aber fast immer gleich um Weltgeschichte. Und rate mal, wer dann den Auftrag bekommt; keiner von uns, sondern einer von den ganz Großen, Gabriel, Michael oder Uriel, aber das weißt du ja selbst, wenn du aufgepasst hast."

„Und was wollen ... äh ... wir dann hier?", stotterte Jakob verwirrt.

„Wir bringen Hoffnung. Vielleicht sind wir nach menschlichen Kategorien sogar die Hoffnung selbst. Und wir hoffen umgekehrt darauf, dass uns die Menschen zuhören. Denn Kommunikation zwischen den Welten ist ja nicht unmöglich, aber sie kann eben nicht von uns ausgehen, sie muss gewünscht werden. Wenn jemand an uns glaubt und mit uns reden will, kann er uns auch entdecken. Wenn diese Frau von eben schon einmal mit Engeln geredet hätte, hätte sie dich wahrscheinlich auch gehört. Ein guter Freund und Kollege von mir hat zum Beispiel neulich einen Typen vor einem Unfall bewahrt,

und der wollte so gerne seinen Engel sehen, dass die beiden nachher sogar miteinander sprechen konnten."

Jakob lachte leise – wenn der wüsste! –, dann bohrte er weiter: „Wir können also gar nichts Konkretes bewirken?"

„Doch, natürlich, ich habe doch eben auch etwas getan, dafür haben wir schließlich unsere Flügel. Mit denen kannst du auf unerklärliche Weise Dinge, Personen und Vorgänge beeinflussen. Die Federn strahlen irgendwie Gottes Kraft aus und helfen der Welt. Breite deine Schwingen aus, und alles atmet freundlicher. Du wirst bald entdecken, dass du mit ihnen wirklich tolle Sachen machen kannst. Und manchmal merken die Leute sogar etwas von deiner Gegenwart. Aber sei vorsichtig, es gibt Menschen, denen kannst du noch so massiv Liebe entgegenfächern, die werden dich nie bemerken. Ich habe schon viele Leute zugrunde gehen sehen, weil sie meine Hilfe einfach nicht annehmen wollten.

Wir haben eben oft einen undankbaren Job, denn auch wir sind in einigen Fällen völlig machtlos. Manchmal ist es richtig traurig, dass Engel nicht weinen können. So, jetzt muss ich aber zu meinem nächsten Klienten, bis bald mal!"

Einen ganzen Tag lang breitete Jakob seine Flügel aus und brachte ein wenig Licht in die Stadt. Einem einsamen Großvater schenkte er ein Lächeln, zwei streitende

Geschwister brachte er zum harmonischen Verstummen, ein Zug wäre ohne ihn fast entgleist, ein vergesslicher Ehemann erinnerte sich gerade noch rechtzeitig an seinen Hochzeitstag, und einem Teenagerpärchen machte er Mut zum ersten Kuss. Hin und wieder meinte er sogar, die Ahnung seiner Nähe bei einigen der Besuchten zu entdecken. Wo er hinkam, wurden die Farben heller und die Gesichter strahlender. Genauso oft aber verschlossen sich Menschen ganz.

Manchmal bekam Jakob ein wenig Angst vor der großen Verantwortung, die er plötzlich trug, und gegen Abend wurde ihm klar, dass er seinen eigenen Engel suchen musste, um ihm die rechtmäßigen Flügel zurückzugeben.

Den ganzen nächsten Tag flog Jakob die Stadt ab, ohne eine Ahnung davon zu haben, wo er suchen sollte. Anfangs schienen ihm Kirchen, Klöster oder ähnliche Gebäude der rechte Ort zu sein. Dort aber waren meist überhaupt keine Engel zu finden. Zu seiner Überraschung fiel ihm ein, dass er nicht einmal den Namen seines eigenen Schutzengels wusste, sodass er sich auch nicht zu fragen traute. Bald erkannte er, dass er in der Großstadt Frankfurt mit seinen unsystematischen Stichproben niemals Erfolg haben würde.

„Von wem bekommt eigentlich ein Engel Hilfe, wenn er sie mal braucht?", schimpfte Jakob, erkannte aber schnell, dass er einfach nicht genug über das Dasein und die Lebensform der Himmelswesen wusste. Da stand

er nun und versuchte als Aushilfsbote Gottes, einen wirklichen Engel aufzutreiben, um ihm seine Flügel wiederzugeben.

Mit aller Logik schloss Jakob eine Möglichkeit nach der anderen aus. Er kam zu keiner Lösung. Schließlich streifte er die Flügel ab und lud viele Freunde und Kollegen zum Abendessen ein. Ein wenig mühsam, aber doch erfolgreich gelang es ihm, das Gespräch im Lauf des Abends immer wieder auf das Thema „Wo würde eigentlich ein Engel Urlaub machen?" zu bringen. Zumindest lösten die Beiträge fast immer allgemeine Heiterkeit aus, und Jakob war erstaunt, wie leicht man über ein so komplexes Gebiet reden konnte.

„Unter uns", sagte irgendwann gegen zehn einer seiner ehemaligen Kommilitonen, ein promovierter Soziologe, „wenn ich ein Engel wäre, würde ich gucken, dass ich im Urlaub nicht helfen müsste. Schließlich macht jeder das in den Ferien, was er sonst nicht bekommt. Ich wette, ein Engel freut sich über Schicksalsgeschichten, bei denen er überflüssig ist."

„Ich Depp, natürlich!", schrie Jakob laut, „Engel können doch normalerweise nicht weinen. Dass ich da nicht sofort drauf gekommen bin!"

Vor den Augen seiner verblüfften Freunde zog er die Flügel über und sprang aus dem Fenster. Nach einem kurzen Moment hatte er die Orientierung gefunden und dachte sich sofort ans Ziel. In einem Atemzug flog er direkt durch die Wände des Gebäudes in den Innenraum

– was ihm beim ersten Mal doch etwas Angst bereitet hatte – und sah sich forschend um.

Natürlich, da saß er, sein Engel, auf der Brüstung des ersten Ranges und weinte begierig und genussvoll über das Ende des fünften Aufzugs von „Nathan dem Weisen". Leise setzte sich Jakob neben ihn, und als der Tempelherr und Recha sich auf der Bühne gerührt und verschreckt in die Arme fielen, weil sie erkannten, dass sie Geschwister waren, legte der menschliche dem wahren Engel den Flügel um die Schultern, weil beide gleichermaßen bewegt waren.

„Ich hätte gleich darauf kommen können, dass du hier bist", flüsterte Jakob. „Warst du jeden Abend im Schauspiel?"

„Ja", sagte der Engel, „es ist himmlisch. Du schaust zu und kannst Leid und Glück einmal ganz ohne Pflichtgefühl oder Depressionen genießen. Im Theater sind die Gefühle frei, weil es eben nur ein Spiel ist. Außerdem musste ich ja hier auf dich warten."

„Wie bitte?", empörte sich Jakob. „Was soll denn das heißen? Ich habe dich mit viel Mühe und Aufregung gefunden."

„Das glaubst du, weil du von Engeln noch so gar keine Ahnung hast. Nun ja, ich denke, du hast inzwischen sicher etwas verstanden. Und jetzt gib mir bitte schnell die Flügel wieder, mein Urlaub ist nämlich vorbei."

Wenig später entstand ein kurzer Tumult, als

aus heiterem Himmel ein leicht verwirrter Mann auf der Brüstung des ersten Ranges saß. Wäre das Stück nicht ohnehin zu Ende gewesen, es hätte einen Skandal gegeben.

„Sie sind ein Engel", schmeichelte ihm die vielversprechende Frau mit der kurzen frechen Frisur, der er am nächsten Tag auf der Straße spontan beim Einladen ihres schweren Einkaufs half.

„Oh nein, ganz bestimmt nicht", sagte Jakob vieldeutig und lud die fröhlich grinsende Attraktion sofort zu einem Kaffee ein. Da erst entdeckte er, warum sie ihm gleich so bekannt vorgekommen war: Eines ihrer schlanken Beine steckte in einem Gips.

„Wem zwinkern Sie da eigentlich zu?", fragte sie charmant.

Fabian Vogt

Fünf Engel als Lastträger

Rabbi Chanina ben Dossa sah, dass seine Mitbürger bei ihren Wallfahrten nach Jerusalem schöne und reichliche Gaben für den Tempel mit sich führten. Er aber hatte nichts, was er spenden konnte. Das grämte ihn sehr.

Als er am Felde spazieren ging, sah er einen großen Stein dort liegen. Da sagte er zu seinem Herzen: „Wohlan, ich werde den Stein schön behauen, glätten und reinigen. Ich werde ihn nach Jerusalem bringen und ihn neben dem Heiligtum aufstellen. Er soll müden und alten Leuten zum Sitzen dienen."

So handelte Rabbi Chanina ben Dossa. Er bearbeitete, glättete und polierte den Stein. Er war ein Genuss zum Ansehen, eine Augenweide. Der Rabbi versuchte, ihn zu heben; aber er vermochte es nicht. Da ging er und fand fünf Lastträger. Er sagte ihnen: „Seid ihr bereit, diesen Stein nach Jerusalem zu tragen?"

Und die fünf Leute antworteten ihm: „Wir wären bereit, wenn du uns fünfzig Silberschekel dafür gibst." Da kränkte sich Rabbi Chanina ben Dossa sehr, denn er hatte keine fünfzig Silberschekel, die sie von ihm verlangten. Den ganzen Tag ging er missgestimmt herum. Am nächsten Tag schickte Gott fünf Engel in Menschengestalt. Sie kamen zu ihm und sagten: „Wir haben gehört, dass du einen Stein nach Jerusalem bringen willst. Wir sind daher zu dir gekommen, um dich zu fragen, ob du uns für den Transport fünf Schekel zahlen willst."

Darüber freute sich Rabbi Chanina ben Dossa sehr und sprach zu den fünf Engeln: „Kommt mit mir aufs Feld, wo der Stein liegt, und ich werde euch euren Lohn geben."

Sie gingen alle aufs Feld, und die Leute sagten: „Wir werden den Stein nur unter der Bedingung nach Jerusalem tragen, wenn du dich mit deiner Hand und mit deinen Fingern an uns festhältst."

Da legte Rabbi Chanina ben Dossa seine Finger und seine Hand in die Hände der Engel, die den Stein hielten. Er wollte sie fragen, wer sie seien und was ihre Beschäftigung sei – und siehe da, er stand bereits in Jerusalem neben der Quaderhalle, und der Stein stand vor ihm. Aber die Träger waren nicht da. Da staunte er sehr und trat in die Quaderhalle, um die Synhedriummitglieder, die dort saßen, zu befragen, was er mit den fünf Schekeln, die er für die fünf Steinträger bestimmt hatte, machen solle. Als die Leute des Synhedrions das hörten, sagten sie ihm: „Niemand anderer als Dienstengel haben deinen Stein nach Jerusalem gebracht. Umsonst wirst du sie suchen, du wirst sie nicht finden."

Unbekannter Verfasser

Engel gefällig?

Haben Sie schon mal einen Engel gesehen,
noch nie?
Im Schaufenster bei Adam & Cie
steht einer.

„Ich bin der Engel Fritz Habermann, sagt er immer.
Ich lache alle Leute an,
treten Sie näher, treten Sie ran,
an mir ist noch ne Menge dran.
Ich habe zwei Flügel, wie Sie sehn,
damit kann man fliegen, wenn die Füße nicht mehr gehn,
doch wenn die Flügel eines Tages auch nicht mehr gehn,
kann man immer noch in so einem Schaufenster stehn.
Leihweise.
Pst. Leise!
Da kommt der Juniorchef. Der Dicke da. Der sagt immer,
ich sähe aus wie Tommy Gottschalk.

Meinen Sie, der glaubt an Gott? Nicht die Spur.
Weihnachtssaison!
Der Einzelhandel soll übrigens nicht zufrieden sein.

Nach Neujahr muss ich wieder hier raus,
ohne Geld, ohne Applaus
schlagen sie mich in die Flucht,
war nett von dir, du warst ne Wucht,
bis nächstes Jahr.
Alle Jahre wieder.
Engel sind ja so rar.

Und dann steh ich da, direkt auf der Straße,
ohne alles,
und warte auf den Sommer.
Im Sommer ist Kirmes.
Da stehe ich als Säule
bei den Elektro-Selbstfahrern,
neben einer Hammelkeule,
die von einem Germanen gefressen wird.

Im Herbst friere ich und freue mich auf Weihnachten.
Dann werden meine Flügel neu gestrichen.
Und Adam junior sagt, wie Tommy Gottschalk.

Alle Jahre wieder.
Man gewöhnt sich dran.
Auch an mein falsches Haar,
und ich habe nur vier Finger.
Aber Engel sind ja so rar."

Hanns Dieter Hüsch

Die Legende vom lachenden Engel

Eines Tages bat der Herrgott den Erzengel Gabriel, der ja bekanntlich für Botendienste zuständig ist, er möge alle Engel zu einem großen Treffen zusammenrufen.

Nur die Schutzengel sollten auf ihren Posten bleiben und aufpassen, vor allem die Kinderschutzengel. Zum Ausgleich schickte der Herrgott ihnen durch Gabriel einen besonders herzlichen Gruß und seinen Segen.

Zum angesetzten Zeitpunkt kamen alle Engel im himmlischen Paradies zusammen. Viele, die sich zum Teil seit Jahrmillionen nicht mehr gesehen hatten, konnten einander viel erzählen. Aber was sind schon Jahrmillionen für Engel! Sie vermissten natürlich die Schutzengel, aber sie lobten Gott dafür, dass seine Liebe die Menschen keinen Augenblick allein lassen wollte. Dann war erwartungsvolles Schweigen, denn gleich sollte der Herrgott zu ihnen allen sprechen.

Da kam er durch das Tor des Paradieses. Ein unbeschreiblicher Jubel brandete hoch, und eine ganze Reihe junger Engel tanzte und hüpfte vor Freude um ihn herum. Er lächelte freundlich, grüßte nach allen Seiten und hob schließlich die Arme.

Da wurde es ganz still. So still, dass auch bis in den letzten Winkel des himmlischen Paradieses zu hören war, dass ein Engel lachte. Es hört sich wunderschön an, so ein Engelslachen, ganz wie aus Silber. Aber in dem Augenblick waren die Engel doch erschrocken, dass einer von ihnen zu lachen wagte, wo doch der Herrgott jetzt zu ihnen sprechen wollte. Einige, die in der Nähe standen, stupsten den lachenden Engel an und zischten ihm zu, er möge sich doch gefälligst beherrschen und ruhig sein.

Der Herrgott lächelte und schwieg noch einen Augenblick, damit sich der Lacher beruhigen konnte.

Aber der lachende Engel hörte nicht auf. Immer wieder brach sein silbernes Lachen aus ihm heraus, und das war so ansteckend, dass nacheinander die anderen Engel in das Lachen einstimmten. Am längsten konnten sich die Erzengel zurückhalten. Aber dann brachten auch sie ihr „Hoho" und „Hihi" heraus, wenn sie es auch hinter der vorgehaltenen Hand zu verbergen suchten. Der Herrgott war übrigens einer der Ersten gewesen, der mitgelacht hatte. Richtig laut und herzlich.

Unbekannter Verfasser

Der verrutschte Heiligenschein

Gestern Nachmittag platzte mein Bruder Moritz plötzlich in mein Zimmer und rief: „Konrad ist kaputt!"

„Wie kaputt?", fragte ich erschrocken.

„Ein Flügel ist abgebrochen", antwortete Moritz kleinlaut. „Und ..."

„Und?", fragte ich gespannt.

Moritz hob den Kopf. Er war grässlich blass und er schluckte immerzu. „Der Heiligenschein!", flüsterte er.

„Der Heiligenschein", wiederholte ich und bekam eine Gänsehaut. „Wo die Oma doch heute Abend kommt!"

„Du sagst es", brummte Moritz. „Deswegen brauche ich deine Hilfe, Felix!"

Davon hatte ich geträumt, seit ich der kleine Bruder meines großen Bruders bin.

„Wie soll ausgerechnet ich dir helfen, Moritz!", fragte ich scheinheilig.

„Wir müssen Konrad irgendwie wieder zusammenflicken und allein kann ich das doch nicht!", erklärte Moritz. Er hat nämlich eine Klebstoffallergie.

Das ist auch der Grund, warum er zu Hause bei gar nichts helfen muss. Aber mal ehrlich, wieso sollte einer, der allergisch gegen Klebstoff ist, nicht mal abwaschen oder den Müll wegbringen können?

„Zusammenflicken?", rief ich. „Wie stellst du dir das vor? Außerdem ist Konrad jetzt doch überhaupt nichts mehr wert!"

„Das muss ja keiner wissen", antwortete Moritz jämmerlich.

Oh doch, dachte ich, das soll jeder erfahren! Immerhin ist Konrad schon mehr als hundert Jahre alt und eine richtige Antiquität. Oma hat ihn von ihrer Mutter und letztes Jahr hat die Oma den Engel uns vererbt. Unser Ururgroßvater hat Konrad geschnitzt und ihm seinen Namen gegeben. Konrad ist ungefähr dreißig Zentimeter groß, trägt ein langes blaues Kleid mit einem Gürtel, hat etwas abstehende Ohren und sieht so aus, als ob er sich dort, wo er steht, zu Tode langweilen würde. Obwohl unser Engel kein besonders hübscher Engel ist und keiner von uns wirklich an Engel glaubt, haben wir doch ziemlich Respekt vor ihm.

„Morgen wird Oma siebzig und Konrad ist kaputt, ausgerechnet!", schnaufte ich. Bestimmt würde sie jetzt Angst haben, unsere ganze Familie hätte in der Zukunft nur Pech. „Also gut, ich helfe dir", sagte ich streng. Ich tat das nur für meine Oma, für Moritz hätte ich keinen Finger gerührt!

Ich suchte Holzleim, fand aber nur Alleskleber. Konrad lag in Moritz' Zimmer auf dem Bett, der Flügel neben ihm auf dem Kopfkissen, aber den Heiligenschein entdeckte ich nicht.

„Ach du Scheiße!", fluchte Moritz. „Wo kann denn der

bloß sein? Eben lag er noch auf dem Kissen und jetzt ... jetzt glaube ich, dass ich Durchfall kriege!", fluchte Moritz und schoss in die Toilette.

Da behaupten immer alle, mein Bruder ist eine Kämpfernatur. Na gut, er hat Muskeln und in Sport eine Eins plus. Außerdem spielt Moritz Tennis, seit er fünf ist, und unsere Eltern bilden sich ein, sie hätten einen zweiten Boris Becker in die Welt gesetzt.

Sie werfen ihr ganzes sauer verdientes Geld für Moritz' Karriere zum Fenster raus. Für mich bleibt nur ein lumpiger kleiner Rest! Ich kann froh sein, wenn ich mal richtig coole Turnschuhe kriege, und auf ein paar Inlineskates warte ich schon über ein halbes Jahr!

Ich bewaffnete mich mit meiner Leselupe und einer Taschenlampe. Dann suchte ich die ganze Wohnung ab. Unser Kater Corky lag fett und träge auf seiner Wohlfühldecke unter der Heizung und blinzelte mich an. Er gähnte und leckte sich ausgiebig die Schnauze ab. Ich ging in die Hocke, beugte mich über ihn und sah Sägespäne an Corkys Schnurrbarthaaren hängen. Normale Katzen fressen natürlich kein Holz, aber Corky verschlingt fast alles, was ihm vor die Schnauze kommt. Wenn wir nicht aufpassen, macht er sich sogar über Weichspüler, Scheuermittel, Terpentin und Klebstoff her. „Wo ist Konrads Heiligenschein, Corky?", fragte ich ihn drohend.

Der Kater gähnte und machte gelangweilt „miau". Er tat zwar so, als ob ihn das alles überhaupt nicht interessieren würde, aber er schlief nicht ein, sondern beobachtete mich ganz genau. Als er sich mal kurz auf die Seite rollte, entdeckte ich den Heiligenschein unter seinem Bauch. Der Bursche liebt es nämlich sehr, auf irgendwelchen Beutestücken herumzuliegen.

Vielleicht wärmte ihn das Teil, weil es ja irgendwie heilig ist, vielleicht roch es auch bloß gut oder Corky machte es einfach bloß Spaß, uns zu ärgern.

Ich schaute auf die Uhr. Wir hatten bloß noch eine Stunde Zeit. Mama und Papa würden nach der Arbeit gleich zum Bahnhof fahren, die Oma abholen, und wären um sieben wieder da.

„Hast du ihn?", fragte Moritz wehleidig, als er vom Klo kam. Er war jetzt nicht mehr weiß, sondern gelb im Gesicht und warf sich auf die Wohnzimmercouch. Mit einem Bein stützte er sich am Boden ab, das andere ließ er über die Lehne hängen.

„Corky hat ihn. Aber er wird ihn nicht kampflos wieder herausrücken. Wir müssen ihn irgendwie überlisten", erklärte ich.

„Überlisten, ja, aber wie", murmelte mein Bruder ratlos, und ich fragte mich, ob er bloß wegen Konrad so fertig war oder ob es noch einen anderen Grund dafür gab.

„Wir locken ihn mit Katzenkeksen. Am besten sind die mit Fisch, die riecht er meilenweit gegen den Wind", erklärte ich und holte welche aus dem Küchenschrank.

„Wie ist das denn überhaupt passiert?", fragte ich, nachdem ich eine Spur aus Katzenkeksen auf dem Boden verteilt hatte. Es stank jetzt in der Wohnung so nach Fisch, als wären die Wände damit tapeziert.

Corky hob den Kopf, reckte den Hals und schnüffelte. Dann konnte er sich wohl nicht entschließen, was er machen sollte, und fing an, sich zu putzen.

„Ich hab ein bisschen mit dem Tennisball gespielt ...", gestand Moritz zerknirscht.

„Einfach so?", fragte ich erstaunt.

„Nein ... nicht einfach so ... is ja auch egal ... !" Ihm vielleicht, mir aber nicht. So rot wie seine Ohren jetzt geworden waren, schleppte er irgendein Geheimnis mit sich herum. Moritz kriegt immer rote Ohren, wenn er was hat, womit er nicht herausrücken will.

„Nun sag schon, was ist los mit dir?", bohrte ich weiter und angelte nach dem Klebstoff, um Konrad wenigstens den Flügel schon wieder anzukleben.

„Ich hab geübt ...!", murmelte Moritz. „Was geübt?" Ich öffnete die Klebstofftube. „Zielen? Hahaha!"

Das Gesicht meines Bruders verfinsterte sich. Er legte sich ein Taschentuch über die Nase und schloss die Augen. „Das ist überhaupt nicht witzig!", knurrte er und drehte seinen Kopf zum Fenster.

„Seit einiger Zeit bin ich auf dem Platz immer ziemlich daneben. Mein Trainer meckert auch schon dauernd mit mir. Ich hab echt keine große Lust mehr auf das Ganze. Aber ich weiß nicht, wie ich das Mama und Papa beibringen soll", brummten die Lippen meines Bruders unter dem Taschentuch.

„Echt?!", rief ich. „Ich meine, du willst gar kein Tennisstar mehr werden?"

Moritz schüttelte den Kopf.

„Dann kriege ich jetzt vielleicht endlich Inlineskates und wir könnten mal ans Mittelmeer fahren!", jubelte ich. Wir waren nämlich noch nie am Mittelmeer. In den letzten Jahren sind wir wegen Moritz überhaupt nicht mehr verreist.

„Das könnten wir", brummte Moritz.

„Du musst es ihnen natürlich bald erzählen", sagte ich und klebe Konrad konzentriert den Flügel an. Ich hielt den Flügel noch ein paar Sekunden fest, dann legte ich den Engel auf den Bauch.

„So und jetzt zu dir, Bursche!", sagte ich zu Corky und baute mich drohend vor ihm auf. Doch der Kater hatte uns längst überlistet und alle Kekse aufgefressen. Nun lag er wieder satt und schläfrig auf Konrads Heiligenschein und fauchte mich böse an, als ich meine Hand vorsichtig unter seinen Bauch schieben wollte.

„Einer muss Corky hochheben!", sagte ich und wir warfen eine Münze. Ich hatte Kopf und Moritz Zahl. Kopf gewann!

Moritz zog seine wattierte Winterjacke und Thermohandschuhe an. Als Mundschutz band er sich einen Wollschal um. Ich fischte mir auch ein paar dicke Handschuhe aus der Schublade mit den Wintersachen, und als Visier klaute ich mir ein Nudelsieb aus dem Küchenschrank.

„Jetzt!", flüsterte ich und Moritz packte den Kater im Genick. Corky schrie und zappelte und fauchte und schlug mit den Krallen um sich. Moritz konnte ihn kaum halten.

„Ich hab ihn!", brüllte ich, ließ mein Visier sinken und schwenkte Konrads Heiligenschein über meinem Kopf herum. Er war ein wenig angesabbert, und ich hängte ihn zum Trocknen auf den Lampenschirm.

Corky verzog sich meckernd unter den Schrank, und Moritz streifte seufzend die Fellkapuze von seinem Kopf.

Wir schauten uns an und dann gab es kein Halten mehr. Wir mussten so lachen, dass uns bald die Bäuche wehtaten. Wir haben noch nie zusammen gelacht. Die Sachen, die Moritz witzig fand, die fand ich immer blöd. Und umgekehrt war es genauso.

„Corky mit Heiligenschein", prustete ich und wir stellten uns vor, wie Corky an Konrads Stelle als Katzenengel in heiliges Licht getaucht auf der Kommode thronte.

„Es ist sechs!", brüllte Moritz plötzlich nach einem kurzen Blick auf seine Armbanduhr. „In einer halben Stunde sind sie da!"

„Das schaffen wir", behauptete ich und fischte den Heiligenschein von der Lampe.

„Wenn sie kommen und ich bin noch nicht fertig, dann musst du sie ablenken, okay?", sagte ich. Moritz nickte und pflanzte sich vor die Wohnungstür.

Ich klebte den Heiligenschein an Konrads Hinterkopf und drückte die Klebestelle mit dem Daumen fest. Als das nicht hielt, versiegelte ich die Stelle noch schnell mit ein paar Streifen Tesafilm.

„Sie kommen!", zischte Moritz im Flüsterton und ich stellte Konrad schnell auf die Kommode zurück.

Ging er wirklich noch als der alte Konrad durch oder sah man ihm an, dass er beschädigt worden war?

„Das vergesse ich dir nie!", flüsterte Moritz und fuhr mit seiner Hand durch mein Haar. „Du bist echt ein cooler Bruder!"

Der coole Bruder wäre fast geplatzt vor Stolz!

Als die Oma später im Wohnzimmer auf dem Sofa saß und Konrad betrachtete, sagte sie nach einer Weile: „Irgendwie sieht der Engel anders aus!"

Mir stockte der Atem. Ich schaute Konrad an. Es sah so aus, als ob er gleich seinen Heiligenschein verlieren würde. Er war schon ein kleines Stück nach hinten gerutscht.

Ich schloss die Augen und zählte stumm die Sekunden mit. Da sagte die Oma:

„Konrad sieht jetzt so aus, als würde es ihm endlich Spaß machen, unser Familienengel zu sein!"

Ich machte die Augen wieder auf.

Meine Oma hatte recht. Mit dem etwas verrutschten Heiligenschein sah unser Engel gleich viel netter aus. Außerdem hielt das Teil den ganzen Abend und es hält immer noch! Aber ist das nicht merkwürdig? Zuerst sah das Ganze nach einer mittelschweren Katastrophe aus und dann war es wirklich ein Glück. Oma hat einen Supergeburtstag gehabt, und ich fand es zum ersten Mal toll, dass Moritz mein großer Bruder ist!

Martina Dierks

Engelflügel

Die Flügel sind gar nicht zum Fliegen da; sie sind eher dabei hinderlich. Es sind reine Dekorationsstücke. Daher halten es die alten, im Dienst ergrauten Engel genauso wie die alten, sturmerprobten Armeeoffiziere:

Außerhalb des Dienstes tragen sie Zivil. Die Neulinge dagegen benehmen sich wie die von der Miliz: können sich von der Uniform gar nicht mehr trennen. Und so zappeln sie denn an allen Ecken und Enden mit ihren Flügeln herum, fliegen die andern über den Haufen, schwirren und schwärmen hier- und da- und dorthin und bilden sich außerdem noch ein, sie würden allseits bestaunt und bewundert.

Die Himmelsbewohner

Kein Mensch, ob Kind oder Erwachsener, hält doch sein eigenes Alter für das richtige. Immer liegt es für ihn ein paar Jahre drunter oder drüber, und auf genau die gleiche Weise denkt er sich auch das ideale Alter für die Himmelsbewohner zurecht.

Und meint außerdem, diese seien alle unabänderlich darauf festgenagelt und darüber auch noch wunschlos glücklich und zufrieden. – Und dabei ist doch schon der Gedanke absurd, im Himmel könne es Dinge geben, die für alle Ewigkeit unabänderlich seien ...

Stellen Sie sich doch einmal einen Himmel vor, der allein mit siebenjährigen Knirpsen bevölkert wäre, die nichts anderes im Kopf haben, als nur mit Murmeln oder Reifen zu spielen!

Mark Twain

Der Geburtstagsengel

Heute ist Helges Geburtstag. Mutter ist in Kur und der Vater hat dieses besondere Datum anscheinend vergessen. Aber Helge selber hat es nicht vergessen.

Heute ist sein Geburtstag. Wer vergisst denn schon seinen eigenen Geburtstag! Helge wird elf Jahre alt heute.

Ein Tag wie jeder im Moment. Mutti ist in Kur, einfach fort. Vati ist im Aufbruch. Vati muss in die Firma, Autobleche schweißen. Vati hat Frühschicht. Er steht an Helges Bett, in Jacke und so weiter, und schüttelt ihn wach. „He, Kleiner, aufwachen!", ruft er. „Und benimm dich!" Dann ist er weg.

Helge trödelt beim Anziehen. Vielleicht, so sagt eine kleine Hoffnung in ihm drin, vielleicht liegt ja ein Geschenk für ihn auf dem Küchentisch, ein einziges nur. Von Vati. Damit Helge sieht, dass sein Geburtstag nicht vergessen ist.

Aber natürlich liegt nichts auf dem Küchentisch. Nichts außer dem Frühstücksbrettchen, einer Brotscheibe, Margarine, Marmelade. Helge stopft die Brotscheibe in sich hinein, räumt die Margarine und die Marmelade weg. Nimmt den Ranzen, die Jacke, geht zur Schule.

Natürlich kommt er zu spät, wie immer im Moment.

Frau Wendelmann schreibt seinen Namen auf. Sie schiebt die Brille hoch und guckt ihn streng an.

„Helge Ohnrich", sagt sie ernst, „wenn du noch einmal

zu spät kommst, werde ich einen Brief an deine Eltern schreiben."

Schöner Geburtstag! In der Grundschule, bei Frau Schönborn, da haben sie immer ein Lied für jedes Geburtstagskind gesungen. Und es wurde Kuchen ausgeteilt. Na ja, eigentlich ganz gut, dass das nun nicht mehr so ist. Helge ist sich sicher, dass Vati es für überflüssig halten würde, Kuchen mit in die Schule zu nehmen.

Überhaupt geht der Schultag so weiter, wie er angefangen hat. In Englisch weiß Helge den Unterschied zwischen „simple past" und „past perfect" nicht. In Mathe bekommt er Ärger, weil sein Sitznachbar ihn nach einem Bleistift fragt. In der Pause stellt er fest, dass er vergessen hat, ein Butterbrot einzustecken. In Kunst fällt ihm sein Wasserbecher um, die schmierige Brühe läuft über sein Bild und er muss noch einmal von vorne anfangen. So ein blöder Geburtstag! Geburtstage gehören verboten!

Nach der Schule trödelt Helge noch durch das Kaufhaus. Vati wird sowieso erst später nach Hause kommen. Helge hat den Haustürschlüssel in seiner Hosentasche.

Der Junge steht vor dem Regal mit den Süßigkeiten.

Eine Tafel Schokolade hätte er schon gerne.

Oder diesen Kaugummi, den man als Band aus der Packung herausziehen kann. Oder zur Not auch eine Tüte Gummibärchen. Helge fingert in seiner Hosentasche herum. Er hat kein Geld dabei.

Helge überlegt. Es sind so wenige Leute hier. Keiner würde sehen, wenn er sich einfach etwas nähme. In die Hosentasche steckte. Als Geburtstagsgeschenk sozusagen.

Helge kneift trotzig die Lippen zusammen.

Eigentlich ist es sein gutes Recht, sich etwas zu nehmen. Alle haben seinen Geburtstag vergessen, alle. Nichts hat er bekommen. Da wird er sich doch wohl selber noch ein kleines Geschenk machen dürfen!

Helge sieht sich vorsichtig um. Und da erst bemerkt er die alte Frau, die ziemlich in seiner Nähe steht. Sie beobachtet ihn wahrscheinlich schon seit Längerem. Ihre Blicke treffen sich. Helge blickt zu Boden.

Die alte Frau kommt einen Schritt näher. Sie hat ganz weißes Haar. „Was machst du?", fragt sie.

Helge bekommt plötzlich Angst. Hat sie gemerkt, dass er klauen wollte? „Nichts", sagt er.

Die Frau sieht ihn an, als könne sie in ihn hineinschauen.

Da sagt Helge: „Ich habe heute Geburtstag."

Er hat es gar nicht sagen wollen. Es ist ihm einfach so herausgerutscht.

Die alte Frau nickt langsam. Sie sieht aus, als würde sie nachdenken. Dann nimmt sie mit einem Mal ihre Handtasche hoch. An deren Reißverschluss hängt ein kleiner Anhänger.

Ein Engel.

Die Frau macht den Engel von der Handtasche ab. Sie lächelt. Sie drückt ihn Helge in die Hand. „Herzlichen Glückwunsch zum Geburtstag", sagt sie.

Helge starrt auf den Engel. Er guckt nach der Frau, aber die ist schon verschwunden.

Der Engel sieht Helge an. Er ist klein und aus Metall, aber er sieht Helge an. Da geht Helge weg vom Süßwarenregal. Er verlässt das Kaufhaus. Er geht zur Bushaltestelle. Er fährt nach Hause. In seiner Hand hat er den Engel.

Seinen Geburtstagsengel. Engel sind Boten Gottes.

„Bitte", murmelt Helge. „Bitte."

Aber zu Hause ist alles ruhig. Kein Vati. Auf dem Küchentisch liegt ein Zettel: „Bin noch einmal weg. Komme gleich wieder. Mach keinen Unfug. Vati."

Helge schluckt. Dann greift er in seine Tasche. Nach dem Geburtstagsengel. „Bitte", fleht er und er weiß gar nicht so genau, an wen er sich da eigentlich wendet.

Da hört er, wie die Tür geht. Leise Stimmen sind im Flur zu vernehmen. Helge stürzt aus der Küche.

Da steht Mutti. Mutti und Vati stehen da. Und Mutti breitet die Arme aus.

„Herzlichen Glückwunsch zum Geburtstag, mein großer Schatz!" Helge wirft sich in Muttis Arme. Vati lacht und holt das Geschenk aus dem Schlafzimmer. Erst etwas später, als alle sich beruhigt haben und Helge ausgepackt hat, da greift er plötzlich in seine Hosentasche. Darin steckt ein Engel, ein kleiner aus Metall.

„Danke, Gott", murmelt Helge.

Inken Weiand

Inhaltsverzeichnis

Wie schön, dass es dich gibt 5
Rolf Zuckowski: Wie schön, dass du geboren bist ... 6
Johann Peter Hebel: Drei Wünsche 8
Carl Spitteler: Das bescheidene Wünschlein 12
Joachim Ringelnatz: Geburtstagsgruss 14
Clemens von Brentano: Bleib froh im Herzen 15
Gebrüder Grimm: Hans im Glück 16
Mutter Teresa: Lebensfreude 24
Michael Ende: Die Geschichte vom Wunsch
    aller Wünsche 25
Wilhelm Busch: Das Hemd des Zufriedenen 30

Gelassenheit ist unsere Stärke 33
Catharina Elisabeth Goethe: Rezeptvorschlag
    für ein neues Jahr 34
Teresa von Ávila: Gebet im Alter 35
Ephraim Kishon: Man ist so alt, wie man ist 36
Theodor Fontane: Überlass es der Zeit 43
Theodor Fontane: Man wird nicht besser
    mit den Jahren 44
Ralph Waldo Emerson: Erfolg 45
Adalbert Ludwig Balling: Die Welt ist schön 46
Matthias Claudius: Täglich zu singen 50
Thomas Morus: Gebet 52

Ephraim Kishon: Der Kampf um den Blick
des Kellners 53
Roda Roda: Muttis Geburtstag.................. 58

Humor ist ein Geschenk des Himmels 67
Die kleinen Schwestern des Charles de Foucauld:
  Die Seligpreisung 68
Eugen Roth: Bezahlter Scherz..................... 69
Johann Gottfried Herder: Humor 73
Erich Kästner: Eine kleine Sonntagspredigt:
  Vom Sinn und Wesen der Satire 74
Wilhelm Busch: Der Vogel hat Humor 81
Martin Luther: Wenn ich ein Vöglein wär 82
Ottilie Wildermuth: Geburtstagswunsch 83
Joachim Ringelnatz: Zu einem Geschenk 84

Die besten Engel haben keine Flügel 87
Fabian Vogt: Engel auf Urlaub 88
Unbekannter Verfasser: Fünf Engel als Lastträger .. 103
Hanns Dieter Hüsch: Engel gefällig? 105
Unbekannter Verfasser: Die Legende vom
  lachenden Engel 107
Martina Dierks: Der verrutschte Heiligenschein .. 109
Mark Twain: Engelflügel 118
Mark Twain: Die Himmelsbewohner 119
Inken Weiand: Der Geburtstagsengel 120

Quellenverzeichnis

Texte:
Adalbert Ludwig Balling, Die Welt ist schön © Alle Rechte beim Autor
Martina Dierks, Der verrutschte Heiligenschein© Alle Rechte bei Antonia Dierks, Berlin
Michael Ende, Die Geschichte vom Ende aller Wünsche, aus: „Das Schnurpsenbuch", ©1969, 2016 Thienemann in der Thienemann-Esslinger Verlag GmbH, Stuttgart
Hanns Dieter Hüsch: Engel gefällig? aus: Hanns Dieter Hüsch/Marc Chagall Das kleine Weihnachtsbuch, Seite 26f, 2015/17 © tvd-Verlag Düsseldorf, 1997
Erich Kästner, Eine kleine Sonntagspredigt: Vom Sinn und Wesen der Satire, aus: Erich Kästner, Der tägliche Kram. © Atrium Verlag, Zürich 1948 und Thomas Kästner
Ephraim Kishon, Man ist so alt, wie man ist, aus: Ephraim Kishon, In Sachen Kain und Abel © 1976 by LangenMüller in der F.A. Herbig Verlagsbuchhandlung GmbH, Stuttgart
Ephraim Kishon, Der Kampf um den Blick des Kellners, aus: Ephraim Kishon, Mein Freund Jossele © 1977 by LangenMüller in der F.A. Herbig Verlagsbuchhandlung GmbH, Stuttgart
Eugen Roth, Bezahlter Scherz © Dr. Thomas Roth, München
Fabian Vogt, Engel auf Urlaub © Alle Rechte beim Autor
Inken Weiand, Der Geburtstagsengel © Alle Rechte bei der Autorin
Rolf Zuckowski, Wie schön, dass du geboren bist, Musik und Text: Rolf Zuckowski © Mit freundlicher Genehmigung MUSIK FÜR DICH Rolf Zuckowski OHG, Hamburg

Bilder:
Cover: S.2, 4, 5, 6, 7, 9, 10, 11, 15, 17, 23, 29, 30, 32, 33, 34, 37, 39, 40, 41, 43, 44, 45, 48, 49, 51, 59, 64/65, 66, 67/68, 72, 75, 82, 84, 85, 89, 95, 98, 100, 101, 102, 107, 110, 111, 113, 117, 120, 121, 123: © evarin20/Fotolia;
S.7, 24, 60, 61, 86, 87, 90, 91, 92, 93, 125: © evarin20/Shutterstock.

Wir danken allen Inhabern von Text- und Bildrechten für die Abdruckerlaubnis. Der Verlag hat sich bemüht, alle Rechteinhaber in Erfahrung zu bringen. Für zusätzliche Hinweise sind wir dankbar.

Impressum

Bibliografische Information der Deutschen Nationalbibliothek
Die Deutsche Nationalbibliothek verzeichnet diese Publikation
in der Deutschen Nationalbibliografie;
detaillierte bibliografische Daten sind im Internet über
http://dnb.d-nb.de abrufbar.

Besuchen Sie uns im Internet:
www.st-benno.de

Gern informieren wir Sie unverbindlich und aktuell auch in unserem
Newsletter zum Verlagsprogramm, zu Neuerscheinungen und Aktionen.
Einfach anmelden unter www.st-benno.de

ISBN 978-3-7462-5167-7
© St. Benno Verlag GmbH, Leipzig
Zusammenstellung: Volker Bauch, Leipzig
Umschlaggestaltung: Rungwerth Design, Düsseldorf
Gesamtherstellung: Arnold & Domnick, Leipzig (A)